人工智能时代的
风险治理

Risk Strategy
In Age Of Artificial Intelligence

杨明刚◎著

海天出版社
HAITIAN PUBLISHING HOUSE

· 深圳 ·

图书在版编目（CIP）数据

人工智能时代的风险治理 / 杨明刚著. — 深圳：
海天出版社, 2022.1
ISBN 978-7-5507-3283-4

Ⅰ.①人… Ⅱ.①杨… Ⅲ.①社会管理—风险管理—
高等学校—教材 Ⅳ.①D63

中国版本图书馆CIP数据核字（2021）第189534号

人工智能时代的风险治理
RENGONG ZHINENG SHIDAI DE FENGXIAN ZHILI

出 品 人　聂雄前
出 版 策 划　韩海彬
责 任 编 辑　韩海彬
　　　　　　何旭升
责 任 技 编　梁立新
装 帧 设 计　斯迈德设计
　　　　　　0755-8314 4228

出版发行　海天出版社
地　　址　广东省深圳市福田区彩田南路海天综合大厦7-8楼
网　　址　www.htph.com.cn
订购电话　0755-83460239（邮购、团购）
排版制作　深圳市斯迈德设计企划有限公司（0755-83144228）
印　　刷　深圳市希望印务有限公司
开　　本　787mm×1092mm　1/16
印　　张　14.5
字　　数　195千
版　　次　2022年1月第1版
印　　次　2022年1月第1次
定　　价　58.00元

中国人民公安大学

原党委书记、校长

中国法学会常务理事

中国警察法学研究会会长

程琳教授

推荐语：

  胸怀天下的宏大格局决定了一个学者的学术高度和理论视野。明刚院长的《人工智能时代的风险治理》这本极具社会意义和时代特征的风险治理研究专著再次让我们深深地感受到中国知识分子的悲天悯人情怀和大义担当，"为天地立心，为生民立命，为往圣继绝学，为万世开太平"。本书从历史到当代，从理论到实践，对风险问题及治理进行了系统的研究，具有较强的理论性和实践性，对于学习贯彻习近平总书记风险治理的重要论述具有一定的参考价值。我相信，这本书的出版对全社会具有极强的警示意义和较大的风险思维教育价值，对于如何科学准确地分析找出社会风险，及时预警，精准施策，有效治理具有一定的指导意义，并为中国现代社会风险治理基础理论研究和治理应用体系支撑提供借鉴。

程琳

二〇二〇年二月二十五日

天津师范大学
政治与行政学院副院长
温志强教授

推荐语:

家国情怀是从事社会风险研究者的初心。面对风险,我们必须时刻保持高度的警惕,察微知著,未雨绸缪。明刚院长这部风险研究的专著体系完整、资料翔实,对风险治理的现状和问题分析透彻入理。工欲善其事,必先利其器,本书对大数据风险发现、风险治理和风险情报态势感知体系及其应用做了详细的论述,是现代风险治理重要的方法论。这本风险治理的专著不仅是明刚多年来从事风险治理研究的总结,更为中国风险治理体系及治理能力提升的现实路径贡献了风险研究学者的系统思考。

二〇二〇年二月二十五日

中国人民警察大学原科研所所长

郭其云教授

推荐语：

　　反思是进步的动力。现代社会风险频发，没有人能置身事外。建立感知风险的基础体系，提升风险的预警能力，提升风险治理的系统能力是全社会必须面对的重要课题之一。反思风险治理思维中的不足，补齐风险治理能力的短板，建立以数据决策为核心的风险治理及协同系统体系是本书的核心议题。明刚院长长期从事网络空间风险治理研究，学术素养深厚，勤于实践思考，见识独到深刻，屡有让我惊叹之作！本书紧扣当今风险治理最紧要之处，从系统论的角度对现代风险进行了全景式的描述，是当代风险战略研究的重要著作，填补了中国现代风险治理体系建设及应用的空白。

郭其云

二〇二〇年二月二十五日

序　言

风险有改变或摧毁，甚至毁灭世界的力量。

风险治理的核心是风险感知能力，风险感知的核心能力是人的风险认知能力、风险治理能力和风险应对能力。

面对风险，趋利避害是人的本能。

风险治理涉及的不仅仅是大数据，也不仅仅是技术问题。

风险表现为各类事件，或是某种趋势。天灾和人祸就是典型的传统风险。

谈到风险，我们每个人都有自己的认知，那些对社会个体或组织机构带来任何秩序的自然或人为改变都可能是潜在的风险。风险是治理当中的突变因素，如何治理这种因素甚至决定一个人或机构的生死存亡。对风险的认知能力决定了一个政治治理秩序、一个组织机构、一个群体或是一个社会个体的未来。

在保证安全可控的前提下适度地人为制造风险或利用风险或为他人制造风险或将自己的风险转嫁输出给他人，是另一种精致利己或损人利己的"智慧算计"，但是，这是极具危险的游戏，因为其后果往往不可控，更有可能伤及自身。

随着全球化进程的推进，世界已经成为一个多元的整体，任何局部的改变都可能引发全局的震荡或某种改变，从进步的意义上讲，这些带来改变的风险是社会进步的动力之一。人类社会的发展，一直是迎接并解决一个接一个风险而成长、进步的。从系统论角度来讲，"蝴蝶效应"是对风险改变世界的最好诠释。

有研究表明，人类基因中有8%的DNA片段来自自然界的病毒，正是这些病毒，改造着人类的基因，并促使人类与这个世界更加和谐相处。对风险的认知和接纳，是人类必须面对的一个客观现实。对于一个组织来讲，接纳并阻止或改变风险的走向和风险带来的后果，是必须面对的核心议题。风险对社会的颠覆和改变有时候是良性的，它能推动某些进步，但它带来的更多是破坏和毁灭。《风险社会》的作者德国社会学家乌尔里希·贝克说，后现代社会的风险已经全面来临，并挑战工业社会所形成的文明框架和风险现实。他说，"后"是茫然无措的代号，自陷于流俗时髦，它"指向一种难以名状的超越之物"，这是我们"借以面对四分五裂的现实的基本处方"。因此，人类想要获得成功，"只有同旧的理论和思维习惯进行一场艰苦搏斗"。

我们需要重新审视风险这只怪兽所带给我们的所有改变。只有积极地应对，有效地规避，合理地利用，努力让风险成为我们这个社会前进和发展的动力，才是我们风险治理的核心。这需要智慧。

风险有大有小，但风险应对思维和风险应对策略是一致的，那就是勇敢面对，有效规避，合理利用，在改变风险的同时也改变我们自己。"黑天鹅事件""灰犀牛事件"，这是我们常挂在嘴边的术语，这两类事件的本质是相同的，它们都能带来巨大的破坏力，甚至是颠覆力，它们轻则破坏一个组织，影响某些个体的方方面面；重则颠覆一个社会，一个治理的现存秩序。

自然界充满了各类风险，人类社会也充满了各种风险，风险无处不在，无时不在，人类生活在一个被风险环绕的危机环境中，从来如此，并且，从未改变过，这就是过去的现实、今天的现实，还有未来的现实。没有风险的社会是不存在的，这不是危言耸听。

"生于忧患，死于安乐"，"未雨绸缪，防患于未然"。中国的古人早就给我们的风险治理开出了良药。

风险一直在倒逼我们反思，反思自身，反思我们这个社会的发展短板，反思我们的治理短板，它让我们清醒，让我们时刻保持戒备，让我

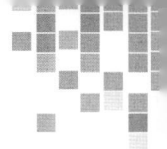

们时刻准备接受来自风险的挑战。

面对各类风险，我们真的准备好了吗？

对风险的剖析和趋势分析、风险防范和风险应对是风险治理的核心要旨。古语云，良医治无治之病，故人常在生也；圣人治无患之患，故天下太平也。即居安思危、未雨绸缪是风险治理的首要目标。

"星星之火，可以燎原。"任何对风险的无视或轻视都会让我们付出代价，这种代价可能是致命的。一个现实是，当无数风险累积和风险叠加态势来临的时候，我们如何科学应对、有效防范并化解，这不仅考验我们的勇气和决心，也同时考验我们的风险防范体系建设的成效。

"压死骆驼的最后一根稻草"究竟在哪里？那一根稻草，可能是一次意外的事件，一个拍脑袋的决策，一个灵机一动的治理举措。

忧患意识，风险思维，数据决策，这是我们每个人都必须重修的一堂课。我们在警惕显性风险的同时，更要警惕那些隐性的风险带给社会的巨大破坏力。

"COVID-19"（新型冠状病毒），一个在2019年底开始肆虐的病毒终成2020年第一只"黑天鹅"，令人猝不及防。尽管这位不速之客终会束手就擒，但它留给我们的教训将会是长久的、深刻的。新型冠状病毒这个"黑天鹅"事件不仅是对各级政府的风险决策水平、公共应急体系、社会动员能力的一次大考，同时也是对公众现代意识和社会治理参与能力的一次检视。这一次，我们终于发现，我们与风险和危机只有一层口罩的距离，而那些所谓的"岁月静好"只是一种病态的安逸感和被幻象主导的满足感。

社会重大风险防范和化解已经成为各级政府的核心任务和重要工作选项。居安思危，未雨绸缪。面对可能的风险，我们需要再多一些敬畏，再多一些准备，再多一些预见，同时要少一些侥幸，少一些盲目乐观，少一些拍脑袋决策。忧患意识，风险思维，数据决策应当成为各级政府风险战略管理的核心。"黑天鹅事件"经常是社会重大风险"灰犀牛事件"的催化剂和导火索。治理的短板即是风险之所在。治理体系和治理能力的现代化需要不断提升政府补齐短板的能力，通过增强风险防控手段，提升风险防控能力，让数据决策增进传统决策效能，构建现代风险研判标准和风险治理体系。归根结底，应对突发公共事件的能力和表现，是检验所有风险治理体系和风险防控能力建设的试金石。

"吃一堑，长一智"，这是我们在风险治理当中所应秉持的初心，唯有如此，我们才不会在下一次风险来临的时候因为犹豫不决、手足无措而狼狈应对，进而陷于巨大的被动。

这本书是我长期从事网络空间风险治理研究的个人思考，我希望本书能够成为我们重建风险思维，增强风险治理意识，推进风险治理体系建设，提升风险治理能力的一个参考。

如何认知风险、建立风险思维、科学认知风险是撰写本书的基础，"未雨绸缪，防患于未然"是本书讨论的核心问题，感知和预警风险、规避和利用风险、协同和高效地处置应对风险是本书要讨论的方法论以及工具维度层面的重要问题。

大数据、人工智能技术的快速发展和应用为现代风险治理提供了可能和技术实现的基础，亦会成为现代社会风险治理的利器。同时，我将对大数据和人工智能技术在现代风险治理中的应用场景进行一些思考和探索。

未来已来，将至已至。

是为记。

二〇二〇年二月二十四日于北大燕园

目录

第一章　风险思想起源和风险治理的发展 …………………………… 001

1.1　风险管理思想的起源 ………………………………… 002

1.2　现代社会的风险与危机治理 ………………………… 005

第二章　风险研究与风险战略 ……………………………………… 007

2.1　风险学与风险战略 …………………………………… 008

2.2　风险社会理论体系 …………………………………… 012

2.3　全球风险治理的困境 ………………………………… 015

第三章　现代社会风险治理 ………………………………………… 019

3.1　建立现代风险前置研判及重大决策风险分析机制 ………… 020

3.2　"黑天鹅事件"和"灰犀牛事件" ……………………… 023

第四章　大数据与风险情报发现 …………………………………… 025

4.1　大数据风险情报发现 ………………………………… 034

4.2　风险情报分析发现 …………………………………… 038

4.3　风险数据挖掘 ………………………………………… 042

4.4　风险情报关联规则算法 ……………………………… 047

4.5　态势感知的应用图景 ………………………………… 050

4.6　数值天气预报——态势感知应用典范 ……………… 053

4.7　态势感知与社会群体性事件发现 …………………… 059

4.8　大数据在网络空间风险发现中的应用 …………………… 067

4.9　智慧商业及企业声誉风险治理 …………………… 072

4.10　智慧城市 …………………………………………… 079

4.11　智慧政务 …………………………………………… 081

4.12　大数据与网络反恐 ………………………………… 083

第五章　中国风险治理和应急管理 …………………… 089

5.1　中国应急管理制度现状 …………………………… 092

5.2　中国应急管理法律制度的现状 …………………… 093

5.3　中国应急管理制度的短板和不足 ………………… 096

5.4　应急管理态势感知及协同平台体系建设 ………… 098

5.5　应急管理态势感知系统技术实现 ………………… 101

5.6　风险治理态势感知传统实现方法 ………………… 103

5.7　网络舆情风险治理的认知困境 …………………… 105

5.8　传统网络舆情监测体系的短板 …………………… 108

5.9　突发性网络风险事件治理的必要性和紧迫性 …… 110

5.10　现实风险环境推动网络风险治理体系升级 ……… 119

第六章　网络风险治理应用场景 ……………………… 123

6.1　公共事件知识库和网络风险治理决策 …………… 124

6.2　基于知识库的重大决策风险研判 ………………… 127

6.3　网络或舆论形象修复 ……………………………… 135

第七章　自媒体与网络风险治理 ……………………… 137

7.1　自媒体的核心价值 ………………………………… 138

7.2　网络灰色产业链带来社会隐形风险 ……………… 141

7.3　开放语境社会的风险治理 ……………………………………… 146

7.4　网络空间风险应对现状 ………………………………………… 147

7.5　"造谣一张嘴，辟谣跑断腿" …………………………………… 153

7.6　亚文化现象引致的社会心理危机 ……………………………… 154

第八章　现代新技术体系潜在社会风险 …………………… 157

8.1　大数据、5G以及人工智能技术带来的风险 …………………… 158

8.2　虚拟经济乱象引致重大系统性风险 …………………………… 171

8.3　媒体娱乐化倾向引发舆论安全风险 …………………………… 175

8.4　区块链技术应用的机遇与挑战 ………………………………… 181

8.5　网络及信息领域安全风险 ……………………………………… 186

8.6　网络安全治理国家战略 ………………………………………… 192

第九章　中国城市公共服务和城市治理指数体系 ………… 197

9.1　中国城市政府治理和公共服务指数 …………………………… 198

9.2　中国城市政府治理和公共服务指数价值 ……………………… 200

9.3　中国政府指数数据收集和技术实现 …………………………… 201

9.4　中国政府指数的实现方法 ……………………………………… 203

9.5　中国政府指数的动态发布体系 ………………………………… 208

9.6　中国政府指数的未来 …………………………………………… 210

后记　没有一个春天不会到来 ………………………………… 212

特别鸣谢 ……………………………………………………………… 213

第一章　风险思想起源和风险治理的发展

1.1　风险管理思想的起源

在中国语言文字中，关于"风险"一词的由来最为普遍的一种说法是，在远古时期，以打鱼捕捞为生的渔民们，每次出海前都要祈祷，祈求神灵保佑自己能够平安归来，其中祈祷的主要内容就是让神灵保佑自己在出海时能够风平浪静、满载而归。他们在长期的捕捞实践中，深深地体会到"风"给他们带来的无法预测、无法确定的危险，他们认识到，在出海捕捞打鱼的生活中，"风"即意味着"险"，因此有了"风险"一词。在中文的表达中，风险经常与危险等同。从词源来说，风险涵盖的范围则更为广泛，时间尺度更大。

《现代汉语词典》说，风险指可能发生的危险。在这里，风险和危险是一致的，均指某种未来的可能性，而且这种可能发生的事情都能带来对现有状态的破坏和对现有秩序的挑战。

另一种经过多位学者论证的"风险"一词的"源出说"称，风险（Risk）一词是舶来品，有人认为来自阿拉伯语，有人认为来源于西班牙语或拉丁语，但比较权威的说法是来源于古意大利语的"Risque"一词。在早期的运用中，也是被理解为客观的危险，体现为自然现象或者航海遇到礁石、风暴等事件。大约到了19世纪，在英文的使用中，风险一词常常用法文拼写，主要是用于与保险有关的事情上。

现代意义上的风险一词，已经大大超越了"遇到危险"的狭义含义，而是"遇到破坏或损失的机会或危险"。可以说，经过两百多年的演绎，风险一词越来越被概念化，并随着人类活动的复杂性和深刻性而逐步深化，并被赋予了从哲学、经济学、社会学、统计学甚至文化艺术领域的更广泛、更深层次的含义，且与人类的决策和行为后果联系越来越紧密，风险一词也成为人们生活中出现频率很高的词汇。无论如何定

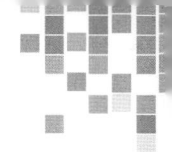

义风险一词的由来，其基本的核心含义是"未来结果的不确定性或损失"，也有人进一步定义为"个人和群体在未来遇到伤害的可能性以及对这种可能性的判断与认知"。如果采取适当的措施使破坏或损失的情况不会出现，或者说智慧认知、理性判断，继而采取及时而有效的防范措施，那么风险可能带来机会，由此进一步延伸的意义，不仅仅是规避了风险，可能还会带来比例不等的收益，有时风险越大，机会越大、回报越高。

中国古代的风险管理思想早在夏朝后期就已经出现。《夏箴》载："天有四殃，水旱饥荒，其至无时，非务积聚，何以备之。"意思是说，自然灾害何时发生难以预料，需要随时储粮备荒。

《周礼》则说："谷有余则藏之，以待凶年而颁之。"春秋时期，墨子则主张"必使饥者得食，寒者得衣，劳者得息"和"有力以老人"。荀子提出"节用裕民，而善臧其余""岁虽凶败水旱，使百姓无冻馁之患"。这些论述，是要求大家把剩余产品（主要是粮食）积蓄起来，才能使百姓遇灾荒年代不受饥寒，社会鳏寡孤独和残疾人等都能得到国家的保护和社会的扶助。在此思想指导下，我国历代都有赈济制度。周朝有委积制，战国时期魏国有御廪制、韩国有敖仓制。在汉代，则有常平仓制，隋朝有义仓制，宋朝有社仓制等，这些赈济制度其本质上是建立后备、应付饥荒的一种风险对策。

在历史上，古巴比伦、古埃及、古希腊和古罗马等文明古国也很早就有互助互济、损失补偿的风险处理方法，并逐渐演变成为现代保险。例如，在公元前2800年，古埃及就盛行互助基金组织，参加这一组织的成员订立契约，共同遵守。当某个成员不幸死亡时，由生存的成员所缴纳的会费支付丧葬费或救济其遗属。

风险管理意识的形成和增强是风险管理产生的思想基础，高度的物质文明是风险管理产生的物质基础，社会矛盾的激化以及动荡的局势是风险管理产生的社会基础，概率论和数理统计为其提供了理论基础，近代的科学管理思想为现代风险管理产生做好了最后的准备。

概率论和数理统计的运用，使风险管理从经验走向科学。风险管理的研究逐步趋向系统化、专门化，风险管理终于成为管理科学中的一门独立学科。风险管理作为一门新兴的管理学科，在其形成和发展的过程中，由于对风险管理出发点、目标和运用范围等强调的侧重点不同，学者们对风险管理提出了各种不同的观点，并且随着时代的发展与应用领域的拓展而不断演变。但人们对风险管理的基本理论的认识逐步趋向一致，如风险管理是一项事前的准备工作，而非事后弥补工作。风险管理必须集中管理以发挥决策效益，分散执行、分工协作才能使风险管理工作获得最佳效果。

现代风险管理理论形成于2009年11月15日，国际标准化组织ISO正式发布用于风险管理的标准：ISO31000：2009《风险管理原则与指南》、ISO指南73：2009《风险管理术语》、ISO/IEC 31010：2009《风险管理与风险评估技术》。我国也于2009年发布了国家标准GB/T2453：2009《风险管理原则与实施指南》。该标准定义了风险的概念，确定了风险管理过程，规范了风险评估程序，指出了风险管理的十一项重要原则，明确提出风险管理的首要原则是创造并保护价值，并明确指出风险是不确定性对目标的影响，其中的"影响"有可能是正面的，也可能是负面的，可能存在机会，也可能有威胁。风险管理就是管理不确定性、减少威胁、放大机会、创造条件以改变风险传导的过程，使其有助于目标的实现。

ISO三个标准的发布，标志着人类对风险管理取得了重大进展，是人类在管理领域的又一个里程碑式的成果，它的发布将改变世人对风险纯负面的认识。这个标准将世界各国管理风险的先进理论及方法融为一体，人类管理风险、预见未来的能力进入了一个全新的纪元。

1.2　现代社会的风险与危机治理

　　自19世纪开始，人类迈入了工业化时代、科技时代，以及数字时代。科学技术的迅猛发展以及普及，已经深深地影响了人类的生活，改变了社会运行的规则，也重塑并改造着这个世界。人们在享受科技带来的便利和高效的同时，那些潜在的威胁也如影随形，时有发生，给社会造成重大的财产和生命损失。此类风险的社会危害烈度经常超过传统社会的风险带给社会治理和公众心理的震动。科学技术是一把双刃剑，剑的一面是快捷便利、高效实用和具有舒适性，剑的另外一面则是抛弃传统、恶化环境以及人类对科技产生过度依赖。

　　德国社会学家乌尔里希·贝克在他的《风险社会》的开篇中说，风险社会的轮廓是"在文明的火山上"。贝克在本书的序言中说，现代性从经典工业社会的轮廓中获得了解放，并缔造了一种新的形态，也就是书中所称的（工业化的）"风险社会"。

　　比如，随着科技的高度发展，核武器、基因武器、生化武器、网络病毒、环境恶化、化工污染、农药残留、水质破坏、雾霾天气、转基因、有毒食品、信息安全事故、毁林开荒、穷猎竭渔、围湖造田、拓矿建都、植被破坏、填海造地、拦河造坝等引发了一次又一次的重大灾难。

　　风险是一种大概率会出现的东西，心存侥幸也躲不掉，唯有认真应对才是正确的办法。现代社会的风险往往带有全局性的特征，所谓牵一发而动全身。这种全局有两层含义：一是风险波及的面广，所造成的危害也经常是全社会甚至是全球性的；其次，是风险的全领域性质的破坏，一个领域的风险经常触发其他领域的风险同时出现，导致不同风险危害叠加，加重风险的破坏力。因此，现代社会风险治理应当遵循系统论和全局观念，形成整体的、系统的、科学的风险治理框

架。防止风险在"木桶的最短板处"和社会治理的最薄弱处出现，并引发全局的危害。

危机是社会重大风险的集合，某一次危机就是某一个重大风险。从规模和破坏程度上来讲，危机的破坏性比普通风险要高许多，其影响面和持续的时间也更长。对危机或社会重大风险的警惕是任何时候都不能掉以轻心的。

风险会引发重大安全隐患，若对风险认知不足、预防不力、应对不及时、处置不得当、事后不补救，则会导致严重的社会危机和不良后果。因此，对风险的关注即是对危机的关注，对危机的关注就是对安全的关注。

第二章　风险研究与风险战略

2.1 风险学与风险战略

风险学，或称风险研究学，即研究风险发现、风险预防、风险治理以及风险应对的科学。风险学目的是风险的洞察发现、趋势分析、研判应对，以提升社会治理及公共服务能力，化解社会矛盾和各类危机。风险治理包括传统的社会风险治理和网络空间风险治理。

网络空间风险治理包括对网络空间所承载的各类社会信息的收集、分析以及风险的研判预警。网络风险具有对现实社会环境的破坏作用，阻滞社会目标的实现。网络风险主要来自三个方面：一是对社情民意失察风险；二是网络空间中的各类主体对社会大众心理反向动员风险；三是网络风险向线下传导的风险。

网络风险治理包括风险发现、风险预警、危机应对、应急管理等。所谓的网络舆情监测或舆情学主要是围绕各类网络公共事件的传播学特征进行的风险发现、分析进行的研究。

从某种意义上说，风险分析、风险预警和风险治理协同体系是"互联网+监管""数据+督察"体系中最核心的组成部分。风险分析的本质是利益分析，利益分析又是评价风险治理举措优劣和社会风险的核心考量要素之一。风险治理决策其实质也是利益取舍抉择。

所谓的利益分析或利益动机分析，是从利益的角度观察社会历史现象，并通过了解其本质和根源，透过各种社会主体的言论和行为把握其动因的方法。它是人们把握现实利益格局，正确制定战略的十分重要的工具。利益分析方法在社会领域和人类社会发展的进程中具有普遍的适用性、有效性和针对性。

利益问题既是重大社会事件的导火索，又是它的根本原因和深层次原因，因此要把握重大社会事件的本质，除了了解事件形成和发展经过的事实外，更重要的是要把握它的利益根源，这样才能不被它的假象迷

惑，把握到其本质、动因和发展的趋势。各个阶级和社会集团在社会中的不同地位决定其基本态度。分析社会关系和整个利益格局是制定战略的依据。社会主体倡导和策划，以及实施任何决策都出于一定的利益动因，因此必须根据社会事件对谁有利以及利害的性质和程度来决定社会风险治理政策和风险应对策略。

善治一定是基于公众利益最大化或最大安全原则出发而做出的一系列决策行动，它也是体现"全心全意为人民服务"的根本原则和核心宗旨。

面对复杂的内外环境和各种不确定性，如何提升社会风险预警的整体水平，如何提升风险应对能力，用数据说话，用数据决策，应当成为各级领导的决策范式，在任何涉及全局的重大决策出台之前，都必须要经过风险的前置研判以及政策施行的社会效能分析。效能分析包括风险的定性和定量分析，风险后果的定性和定量研判，风险治理对策的定性和定量评价，以及对风险治理政策的绩效测评。

传统决策在某些场景下会遭遇决策失灵，并可能导致社会灾难和公共利益损失。决策失灵的原因之一在于决策者对决策对象相关信息存在严重的信息不对称问题。决策的过程就是不断地解决信息不对称的过程。决策所需的信息不对称表现在对决策对象的历史、现实或者未来的态势信息掌握得不充分。换句话说，对支持决策所需的各类信息掌握不全面，或者存在信息不对称是绝对的，而充分且全面地掌握各类有效决策所需的信息是相对的。决策研判的过程即是不断消除信息不对称并最大限度趋利避害的过程。在这个过程中，大数据和人工智能将扮演重要的角色，传统决策流程被数据和算法重新定义，以"社会机器"推动的决策革命的浪潮已经到来。

增强忧患意识，树立风险思维，构建以数据决策为核心的现代治理模式和风险治理效能测评以及政策优劣检视思维应当成为各级政府领导和企业家们的共识。

风险与社会的作用动力机制是风险治理研究的核心。推动善政善治惠民，提升政府治理能力和为人民服务的水平是政府大数据应用和风险

治理的终极目标。

　　风险战略的研究目前学术界并不统一。在有些研究中，经常把"风险战略"当作"战略风险"。"战略风险管理"（Strategic Risk Management）一词首次出现于Kent D. Miller的文章《国际商业中的综合风险管理架构》，该文1992年发表于《国际商业研究杂志》的第23卷第2册上。Miller指出了企业对于战略环境不确定性的五种一般反应：规避（Being avoidance）、控制（Control）、合作（Cooperation）、模仿（Imitation）以及适应（Flexibility）。他对风险的研究更多偏向于企业或组织机构对不确定性风险的研究。

　　乌尔里希·贝克在他的《风险社会》中如是说，危险不断增长，但在政治领域，危险并没有被转变成预防性的风险管控政策，这是事实。他说，阶级社会的政治主体（或社会大多数）是无产阶级，风险社会的目标物却只剩所有人的痛苦。

　　《战略风险管理》的作者亚德里安·斯莱沃斯基①认为，不管一家公司规模有多大，都有可能因为没有预料到转型或是没有为转型做好准备而受到重创。在企业一帆风顺的时候，战略风险反而更大。每当你想放松或得意一下的时候，却恰恰应该是你紧张且加倍警惕的时候。该书介绍了如何将危机转化为突破性增长的七个战略：提高胜率；了解，而不是猜测客户需求；两手准备；打赢不可战胜的对手；更新商业模式来保护品牌；与竞争对手合作，逃离零利润区；创造新的需求形式，做大蛋糕。

　　现在社会风险战略管理应该包括各级社会组织对该组织所面临的外部和内部环境中可能出现的各类打破常规体系的所有因素以及对可能引致的结构性变化所采取的预见、规避、应对、利用和转移、处置等进行统筹谋划、合理应对的全过程。

---

①　亚德里安·斯莱沃斯基（Adrian J. Slywotzky）是美世管理顾问公司的全球副总裁，也是著名的畅销书作家，《工业周刊》将其誉为"21世纪的彼得·德鲁克、超越同侪的管理大师"。著有《发现利润区》（*The Profit Zone*）等影响深远的畅销书。

　　风险战略管理包括静态的事前预演和动态的事中处置以及事后修复。风险战略具备系统性、前瞻性、全局性、协同性、策略性、可操作性和利益最大化的特征。

2.2　风险社会理论体系

风险社会是指在全球化发展背景下，由于人类实践所导致的全球性风险占据主导地位的社会发展阶段，在这样的社会里，各种全球性风险对人类的生存和发展存在着严重的威胁。

随着人类活动频率的增多、活动范围的扩大，其决策和行动对自然和人类社会本身的影响力也大大增强，从而风险结构从自然风险占主导逐渐演变成人为的不确定性占主导。再者二是风险的"制度化"和"制度化"的风险。人类具有冒险的天性，但也有寻求安全的本能，而近代以来一系列制度的创建为这两种矛盾的取向提供了实现的环境以及规范性的框架。与市场有关的诸多制度（典型的是股票市场）为冒险行为提供了激励，而现代国家建立的各种制度则为人类的安全提供了保护。但是无论是冒险取向还是安全取向的制度，其自身带来了另外一种风险，即运转失灵的风险，从而使风险的"制度化"转变成"制度化"风险。

1986年贝克在德国出版了《风险社会》。这本书的内容简介说，乌尔里希·贝克将后现代社会诠释为风险社会，其主要特征在于：人类面临着威胁其生存的由社会所制造的风险。我们身处其中的社会充斥着组织化不负责任的态度，尤其是，风险的制造者以风险牺牲品为代价来保护自己的利益。作者认为西方的经济制度、法律制度和政治制度不仅卷入了风险制造，而且参与了对风险真相的掩盖。贝克力倡反思性现代化，其特点是既洞察到现代性中理性的困境，又试图以理性的精神来破解这种困境。①

贝克认为，风险社会的概念指现代性一个阶段。在这个阶段，工业

---

①乌尔里希·贝克：《风险社会》，北京：译林出版社，2004年，第15—22页。

化社会道路上所产生的威胁开始占主导地位。风险社会的概念在三个参照领域内带来了划时代的系统性转变。首先是现代工业社会与自然资源和文化资源之间的关系，在现代化完全确立后这些资源逐渐消失了；其次是社会与其自身所产生的、超越了社会对安全的理解范围的威胁与问题之间的关系，人们一旦意识到这些威胁和问题的存在，就很可能动摇旧社会秩序的根本假设；最后，工业社会文化中的集体的或具体团体的意义之源（比如阶级意识或进步信念）正在枯竭、失去魅力。在贝克看来，工业社会的核心问题之一是财富分配以及不平等的改善与合法化。而在风险社会，我们必须把伤害的缓解与分配作为核心问题。在古典现代性中，财富和权力是其标志性概念，而风险和不确定性则是反思现代性的概念。

贝克的《风险社会》一开始沉寂了数年，直到1992年被马克·里特（Mark Ritter）译成英文后，"风险社会"作为一个概念和理论才为更多的西方学者以及公众所接受。

风险社会作为一个概念并不是历史分期意义上的，也不是某个具体社会和国家发展的历史阶段，而是对目前人类所处时代特征的形象描绘。因此，我们可以说，人类处于风险社会时代，但不能讲某个国家是风险社会，尽管那个国家的国内情况比其他国家更不安全。但是，风险社会不仅仅是一个认知概念，还是一种正在出现的秩序和公共空间。在后一种意义上，它更具有现实性和实践性。如吉登斯、贝克等人所说，风险社会的秩序并不是等级式的、垂直的，而是网络型的、平面扩展的，因为风险社会中的风险是"平等主义者"，不放过任何人。风险社会的结构不是由阶级、阶层等要素组成的，而是由个人作为主体组成的，有明确地理边界的民族国家不再是这种秩序的唯一治理主体，风险的跨边界特征要求更多的治理主体出现并达成合作关系。

在风险社会中，风险具有了以下几个特点：

（1）从根源上讲，风险是内生的，伴随着人类的决策与行为，是各种社会制度，尤其是工业制度、法律制度、技术和应用科学等正常运行的共同结果。而自然"人化"程度的提高，使得风险的内生特点更加明显。

（2）在影响和后果上，风险是延展性的。其空间影响是全球性的，超越了地理边界和社会文化边界的限制，其时间影响是持续的，可以影响到后代。

（3）在特征上，大部分风险后果严重，但发生的可能性低。因此我们可以说，尽管风险增加了，但并不意味着我们生活的世界不安全了。

（4）在应对方法上，现有的风险计算方法、经济补偿方法都难以从根本上解决问题。要通过提高现代性的反思能力来建构应对风险的新机制。

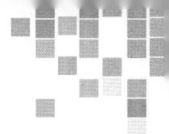

2.3　全球风险治理的困境

　　现代风险跟以往的风险界定已有了很大的变化，一是人为的、主观的风险大大增加，二是有组织的、体制性的风险来源也明显出现，三是对风险的治理手段也从以往单纯依靠技术进步而倾向于多维度的治理系统。

　　现代风险的出现与发展跟现代性的自反性理论息息相关。自反性现代化理论把整个现代化过程都纳入思考视域，把其结构性断裂解释为现代化自身的后果。在这里，自反性包含双重含义：一是自我反对（self-refutation），二是自我反思（self-reflection）。自我反对是指以科学和理性为核心的现代化所招致的非理性甚至反理性后果，不断地消解着自身存在的基础；自我反思表征的是追求自知和确定性的理性对自身性质的反思，从而具有了破坏其获取某种确定性知识的可能。因此，现代风险的研究既有现代性的本质，又有后现代的指向。现代性的本质在价值取向上表现在为现代经济的发展寻求价值合理性，也表现在为现代社会的伦理精神寻求依据；后现代的指向表现为对现代性、现代化的困惑质疑和价值反思，也表现为对现代伦理学方法的批判和扬弃。现代风险的研究面临诸多困境：风险事实与风险判断的困境、风险的当下与未来的困境、风险的个体性与公共性的困境等。由此，必然要求风险治理者作出有效而合理的伦理决策，从而超越风险本身，实现对现代风险的道德治理。

　　风险治理最消极的一个现象是风险避免，即所谓"无为而治""少做少错，不做不错"。

　　风险社会的治理之难，是基于这种风险所具有的本体性不安全的本质及其衍生出来的种种特征。[①]也正因为风险所具有的诸多特征、表现与症状，使得我们对风险的预测、控制与治理有了可能性。而各种风险治理的困境与难题的洞悉与概括是有效治理的前提条件，它因此要求我们对风险社会治理的各种困境与解决路径有系统全面科学的认知和思考。

困境之一：洞察风险。对风险的认知要分两个层面：第一个层面是对风险本质有基本的认知和理性的思考。贝克与吉登斯等的风险社会理论均认为，工业文明与现代化，同时都会孪生其风险，风险本质上是现代化与生俱来的另一面。从这个意义上而言，风险永远不可能被完全认知，而且科技进步与潜在风险的缺口在实践中永远打开着。因为，科技进步是工业文明与现代化直接追求的结果，风险是衍生的，衍生总在原创后，即使紧跟着原创，也常常被忽略。所以，对现代化可能孪生的风险要有预先的思考与准备。第二个层面是，风险既有可预测的、实在的、可计算的、明面的风险，也有暗藏的、潜在的、未来的、难以确定的风险。即使是明的风险，认知也不是那么容易。而潜在的、未来的风险，就更不能显而易见地被认知，它不仅需要一个过程，更需要知识、智慧和技术。而且，明的或暗的风险并不是那么泾渭分明地存在，而是胶结在一起，甚至还有仍不能被现代人科学认知到的如量子纠缠般的其他风险。那么，如何去认知或明或暗的风险及寻找这条认知之路呢？若是不能科学地认知，那就谈不上治理。所以，风险治理的难度首先是认知之难。

困境之二：风险鉴别。除了对风险有科学理性的总体认知和思考，还要具有对特定社会中的风险善于科学系统地概括与归类的能力。风险的表现与症候群林林总总，而要达到科学管理和有效治理的目的，就需要对五花八门的风险表象和表现分层级与种类进行科学、合理、清晰的归纳总结，形成纵横交错、覆盖面广的风险网络体系。然后，循着各自

---

① 何珊君：《中国社会风险治理的难题及其对策研究》，《社会建设》，2019年第3期，第48—57页。

的网络线路追溯到风险源头，找到它们的症结所在，才有可能采取针对性的策略与措施。由于许多表象、表现或症状错综复杂，只有做出科学的剥离与归类，才能找到风险的真实源头。而其间的每一个环节都需要渊博的学识、高深的智慧、厚实的专业知识与精熟的专业技术及所有相关人员精心负责的精神与工作态度，同时更需要精熟风险知识的社会学家、思想家与全社会的协调与配合，个中难度由此可知。

困境之三：风险管控。即提高应对风险的实际控制与有效治理的行动能力。这种行动力的考量是对整个社会主体无论是管理层还是普通公众的实践能力的考验，这里存在一个悖论。国民素质的高低、信仰的强弱、道德的高尚与沦丧等文化因素构成了风险强弱的重要元素，而这些元素又是影响风险的控制与治理能力的重要方面。其实，风险中的许多构成元素同时也是影响风险治理与规制能力的重要因素。科学认知、清晰分类、准确定位是有效行动的前提，而有效行动却受着其他许多因素的影响。因果关系的不断倒置转换，或者互为因果，也为行动增加了许多难度。这是治理与控制的行动力与实践能力方面的难度，也是对国家治理能力的考验。因此，风险的种种两面性构成了风险的治理之难。

困境之四：决策协同。在风险决策、治理过程中，决策者、技术专家和公众之间会产生冲突，如何去平衡所有参与风险治理决策的参与者对决策的影响力是风险治理的核心困境之一。贝克认为，在风险社会决策非常重要，它更需要决策者能够充分利用法律与系统工程技术、自然科学、社会评估机制等工具，将风险与威胁纳入预警与防范体系加以规范，形成一种生态民主政治。

第三章　现代社会风险治理

3.1 建立现代风险前置研判及重大决策风险分析机制

坚持底线思维，着力防范化解重大风险，应完善风险防控机制，建立健全风险研判机制、决策风险评估机制、风险防控协同机制、风险防控责任机制。而决策风险评估机制处于枢纽地位，把其他类型的机制连接在一起，推动全方位和一体化的风险治理体系运转。近些年，为使我们的各项工作真正赢得群众的理解和支持，从源头上预防矛盾纠纷的发生，我国在建立完善落实重大项目、重大决策风险评估机制上已取得实质性进展。

决策风险评估机制有两层含义：第一，决策方案本身引发出来的意料之外的后果，触发潜在风险因子，激化风险的快速演化，例如重大工程项目或重大政策的决策方案设计不周全、不严密或者调查研究不充分，而直接导致群体性事件的爆发。第二，在具体领域的风险已经聚集状态下，需要采取风险型决策来快速动态应对。决策风险评估既是对暴露风险进行评估，同时还关注风险型决策方案对风险链的影响评估。简要地说，决策风险评估旨在从源头治理风险，避免、降低、缓解、转化或留存风险，通过科学和多主体参与的评估，形成科学合理的应对方案。一般而言，与日常或程序性决策相比，风险决策具有重大、战略、复杂的特征，决策过程需要更为精准，决策结果需要更接近目标。因此，决策的风险评估需要设计更为合理的机制。决策风险评估的机制是决策制度和工具相互结合的过程，是由分析、协商和判断构成的。

对决策的风险分析是评估的科学基础。分析就是运用科学方法生产决策知识的过程，包含着问题结构分析、对决策结果的预期、对决策方案的选择，在特定情形下还包括对决策执行结果的监控并评价决策方案的绩效。问题结构分析是对决策问题要素之间进行分解，梳理要素之间

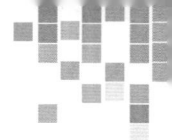

的关系。通常而言，决策风险评估所需要解决的问题，其要素之间呈现出复杂关系，而非简单的线性关系。换言之，要素之间呈现出线性关系的问题纳入日常程序性决策，而要素之间的复杂关系需要跨学科知识的支撑。这些复杂关系体现在风险涉及的多个领域，或者在一个领域里长期想解决而没有能够解决的顽疾问题。从结构化程度来说，问题的复杂性主要表现在：演变机制和路径不清晰，需要多维度观察；问题的解决具有多个备选方案；问题涉及多个利益相关行动者，行动者之间存在着利益、需求和价值上的冲突。问题结构分析旨在刻画上述特征，为识别问题复杂程度提供科学依据。对预期决策结果的分析需要数据、信息和知识的支持。从数据到信息，再到形成知识，这个分析过程体现出对未来预期的认识逐步清晰。数据呈现出个体化和数量化特征，对数据进行分析的过程就构成各类信息的来源，经过科学研究，信息转化为知识，知识成为对决策结果预期的展现形式。对决策方案的选择既是价值判断，又是基于价值分析比较的事实判断。

从事决策风险分析的通常有三类机构：大学和科研院所的科学研究机构、社会专业性研究机构、政府体系内的研究机构。这些机构具有智库的属性。专家和智库提供了决策的风险分析，提供多种类型的知识。

决策风险评估需要构建协商机制。解决复杂问题的决策背后需要面对多种利益的竞争和冲突。风险评估需要建构化解价值和利益冲突的机制。因为分析的过程只是解决了决策方案科学化，而没有解决方案的可行性和合理性，因而决策过程本身需要多行动主体之间以协商为中心的对话和参与。对决策风险评估而言，多个行动主体之间的利益、需求、偏好以及情绪的交流能够提升风险评估的质量，使决策方案更加精准，执行更为顺畅。当前党和政府着力推进的多层次多渠道的协商民主建设具有推进决策风险评估的重要意义。

决策风险评估还需要地方知识和实践经验的支持，这些知识弥补了分析过程提供的普遍性知识不足，从而全面提升决策风险评估的质量。地方知识和实践经验是通过多主体协商方式进入决策风险评估流程中的。成功的协商还需要信息公开、行动主体拥有协商能力、实质性的参与以及创造平等的协商机会等条件的保障。

决策风险评估离不开决策者的判断。各级领导干部这一"关键少数"的政治能力首先体现在对决策的判断力上。判断不仅仅需要一定量和质的数据、信息、知识，而且还需要当机立断的勇气和把握重大趋势的能力。领导干部的风险判断应建立在四个方面的基础之上，即注意力、价值辨析、风险感知、经验。领导干部关注什么或不关注什么是决策风险评估首要的选择，只有引起领导干部关注的问题才有可能成为政策议程，进入风险评估流程。对风险属性以及是否采取决策行动的判断是典型的价值辨析过程。价值辨析以公共性为准则，判断是否采取决策，采取什么样的决策，这些都是依据特定的价值观而作出的。价值辨析同时也是平衡价值冲突的过程。风险蕴含着价值冲突和对立，风险评估就是寻找价值同一的过程，因此如何平衡价值冲突就是领导干部风险判断能力的体现。对风险的态势感知是领导干部作出决定时对风险后果的判断。领导人的注意力和价值辨析关注的是有没有风险，也就是风险出现的可能性；而风险感知是对风险形成后果的判断，以及决策者能承受风险后果的范围。决策者的风险管理经验对风险演变的趋势能够形成直觉判断，从而弥补了分析和协商层次的知识不足。

分析、协商和判断及其相互作用是决策风险评估机制运转的主要方式。三者之间是密不可分的，缺一不可。分析是生产知识的起点，协商是知识、偏好和需求的交流，判断是最终决定。在它们共同的作用下，决策风险评估质量才能得到不断提升，进一步完善风险防控机制。

3.2 "黑天鹅事件"和"灰犀牛事件"

"黑天鹅事件"是指非常难以预测，且不寻常的事件，此类事件通常会引起社会的链式反应，具有极大的破坏性。"黑天鹅事件"可能发生在任何一个领域，在政治、经济、外交、军事、公共治理、公共卫生等领域均有可能发生。"黑天鹅事件"可能由自然灾害引发，也可能由人类社会活动导致而触发。

纳西姆·尼古拉斯·塔勒布在《黑天鹅》一书中提出了黑天鹅事件的定义。塔勒布称具有以下三个特点的事件为"黑天鹅事件"：首先，事件具有意外性，即它在通常的预期之外，也就是在过去没有任何能够确定它发生的可能性的证据；其次，事件会产生极端后果；最后，事件虽然具有意外性，但人的本性促使我们在事后为它的发生编造理由，并且或多或少地认为它是可解释和可预测的。简而言之，这三点概括起来就是：稀有性、冲击性和事后（而不是事前）预测性。

"灰犀牛事件"是指那些经常被提示却没有得到充分重视或经常被忽视的大概率风险事件。"灰犀牛事件"的提法来自古根海姆学者奖获得者米歇尔·渥克的《灰犀牛：如何应对大概率危机》一书，"灰犀牛事件"比喻大概率且影响巨大的潜在危机，而"黑天鹅事件"比喻小概率而影响巨大的事件。该书提出"灰犀牛事件"主要指明显的、高概率的却又屡屡被人忽视、最终有可能酿成大危机的事件。人们把大量时间和精力用在那些会对心理和情感造成冲击但发生概率极低的事情上，因此没能注意到那些发生概率极高、应该提早预防的事情。如果正在寻找的是"黑天鹅"，那么就不可能看到"灰犀牛"。

"灰犀牛"与"黑天鹅"是相对其规模或可预见性或可感知程度而言的事件，两种事件对社会均具有极大的破坏力。"灰犀牛事件"是太过于常见以至于人们习以为常的风险，"黑天鹅事件"则是极其罕见的、出乎人们意料的风险。经常的，这两种事件可能交织出现，或同时出现。而"黑天鹅事件"经常成为"灰犀牛事件"的到导火索和催化剂。

第四章 大数据与风险情报发现

对于大数据（Big Data），高德纳公司给出了这样的定义：是需要新处理模式才能具有更强的决策力、洞察发现力和流程优化能力来适应海量、高增长率和多样化的信息资产；麦肯锡全球研究所给出的定义是：一种规模大到在获取、存储、管理、分析方面大大超出了传统数据库软件工具能力范围的数据集合，具有海量的数据规模、快速的数据流转、多样的数据类型和低价值密度四大特征。

人工智能（Artificial Intelligence），英文缩写为AI。它是研究、开发用于模拟、延伸和扩展人的智能的理论、方法、技术及应用系统的一门新的技术科学，人工智能技术的核心是对大数据的收集、处理、分析和利用。

大数据、人工智能技术的战略意义不在于掌握庞大的数据信息，而在于对这些含有意义的数据进行专业化处理，在于提高对数据的"加工能力"，通过"加工"实现数据的"增值"。从技术上看，大数据与云计算的关系就像一枚硬币的正反面一样密不可分。大数据必然无法用单台的计算机进行处理，必须采用分布式架构。它的特色在于对海量数据进行分布式数据挖掘。但它必须依托云计算的分布式处理、分布式数据库和云存储、虚拟化技术。随着云时代的来临，大数据也吸引了越来越多的关注。

大数据通常用来形容大量非结构化数据和半结构化数据，这些数据在下载到关系型数据库用于分析时会消耗更高的成本。大数据分析常和云计算以及人工智能联系到一起，因为实时的大型数据集分析需要像MapReduce[①]一样的框架来向成千上万台电脑分配工作。大数据和人工智能都需要特殊的技术，以有效地处理大量的数据以及对这些数据用特定的数学分析模型进行分析，以帮助并支持人们完成特定的场景数据支持和某种实际应用的需要。

大数据、人工智能在经济发展中的巨大意义并不代表其能取代一切

---

① MapReduce是一种编程模型，用于大规模数据集的并行运算。

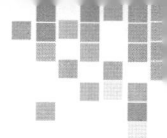

对于社会问题的理性思考，科学发展的逻辑不能被湮没在海量数据中。著名经济学家路德维希·冯·米塞斯曾提醒过："就今日言，有很多人忙碌于资料之无益累积，以致对问题之说明与解决，丧失了其对特殊的经济意义的了解。"这确实是需要予以警惕的。

2015年9月，国务院印发《促进大数据发展行动纲要》（以下简称《纲要》），系统部署大数据发展工作。《纲要》明确，推动大数据发展和应用，在未来5至10年打造精准治理、多方协作的社会治理新模式，建立运行平稳、安全高效的经济运行新机制，构建以人为本、惠及全民的民生服务新体系，开启大众创业、万众创新的创新驱动新格局，培育高端智能、新兴繁荣的产业发展新生态。《纲要》部署三方面主要任务。一要加快政府数据开放共享，推动资源整合，提升治理能力。大力推动政府部门数据共享，稳步推动公共数据资源开放，统筹规划大数据基础设施建设，支持宏观调控科学化，推动政府治理精准化，推进商事服务便捷化，促进安全保障高效化，加快民生服务普惠化。二要推动产业创新发展，培育新兴业态，助力经济转型。发展大数据在工业、新兴产业、农业农村等行业领域应用，推动大数据发展与科研创新有机结合，推进基础研究和核心技术攻关，形成大数据产品体系，完善大数据产业链。三要强化安全保障，提高管理水平，促进健康发展。健全大数据安全保障体系，强化安全支撑。①

奥地利符号计算研究所的克里斯托夫·库奇安博士在自己的页面上发布了一篇文章，里面提到他做了一个调查，参与者大多数是计算机科学家，他请这些科学家投票选出最重要的在大数据应用中经常用到的随核心的关键算法共32个。②

这些算法包括：

---

① 国务院：《促进大数据发展行动纲要》，中华人民共和国商务部网站，http://www.mofcom.gov.cn/html/nysczl/2018/9/1536891477862.html。

② Christoph koutschan：《大数据最核心的关键技术——32个算法》，CIO时代学院网站，http://www.ciotimes.com/bigdata/169572.html。

（1）A*搜索算法——图形搜索算法，从给定起点到给定终点计算出路径。其中使用了一种启发式的估算，为每个节点估算通过该节点的最佳路径，并以之为各个地点排定次序。算法以得到的次序访问这些节点。因此，A*搜索算法是最佳优先搜索的范例。

（2）集束搜索（又名定向搜索，Beam Search）——最佳优先搜索算法的优化。使用启发式函数评估它检查的每个节点的能力。不过，集束搜索只能在每个深度中发现最前面的m个最符合条件的节点，m是固定数字——集束的宽度。

（3）二分查找（Binary Search）——在线性数组中找特定值的算法，每个步骤去掉一半不符合要求的数据。

（4）分支界定算法（Branch and Bound）——在多种最优化问题中寻找特定最优化解决方案的算法，特别是针对离散、组合的最优化。

（5）Buchberger算法——一种数学算法，可将其视为针对单变量最大公约数求解的欧几里得算法和线性系统中高斯消元法的泛化。

（6）数据压缩——采取特定编码方案，使用更少的字节数（或是其他信息承载单元）对信息编码的过程，又叫来源编码。

（7）Diffie-Hellman密钥交换算法——一种加密协议，允许双方在事先不了解对方的情况下，在不安全的通信信道中，共同建立共享密钥。该密钥以后可与一个对称密码一起，加密后续通信。

（8）Dijkstra算法——针对没有负值权重边的有向图，计算其中的单一起点最短算法。

（9）离散微分算法（Discrete differentiation）。

（10）动态规划算法（Dynamic Programming）——展示互相覆盖的子问题和最优子架构算法。

（11）欧几里得算法（Euclidean algorithm）——计算两个整数的最大公约数。最古老的算法之一，出现在前300年前欧几里得的《几何原本》。

（12）期望-最大算法（Expectation-maximization algorithm，又名

EM-Training）——在统计计算中，期望-最大算法在概率模型中寻找可能性最大的参数估算值，其中模型依赖于未发现的潜在变量。EM在两个步骤中交替计算，第一步是计算期望，利用对隐藏变量的现有估计值，计算其最大可能估计值；第二步是最大化，最大化在第一步上求得的最大可能值来计算参数的值。

（13）快速傅里叶变换（Fast Fourier transform，简称FFT）——计算离散的傅里叶变换（DFT）及其反转。该算法应用范围很广，从数字信号处理到解决偏微分方程，到快速计算大整数乘积。

（14）梯度下降（Gradient descent）——一种数学上的最优化算法。

（15）哈希法（Hashing）——一种将字符组成的字符串转换为固定长度的数值或索引值的方法。

（16）堆排序（Heaps）——利用堆这种数据结构而设计的一种排序算法。

（17）Karatsuba乘法——需要完成上千位整数的乘法的系统中使用，比如计算机代数系统和大数程序库，如果使用长乘法，速度太慢。该算法发现于1962年。

（18）LLL算法（Lenstra-Lenstra-Lovasz lattice reduction）——以格规约（lattice）基数为输入，输出短正交向量基数。LLL算法在以下公共密钥加密方法中有大量使用：背包加密系统（knapsack）、有特定设置的RSA加密等等。

（19）最大流量算法（Maximum flow）——该算法试图从一个流量网络中找到最大的流。它的优势被定义为找到这样一个流的值。最大流问题可以看作更复杂的网络流问题的特定情况。最大流与网络中的界面有关，这就是最大流-最小截定理（Max-flow min-cut theorem）。Ford-Fulkerson能找到一个流网络中的最大流。

（20）归并排序（Merge Sort）——是建立在归并操作上的一种有效、稳定的排序算法。

（21）牛顿法（Newton's method）——求非线性方程（组）零点的一种重要的迭代法。

（22）Q-learning学习算法——这是一种通过学习动作值函数（action-value function）完成的强化学习算法，函数采取在给定状态的给定动作，并计算出期望的效用价值，在此后遵循固定的策略。Q-leanring的优势是，在不需要环境模型的情况下，可以对比可采纳行动的期望效用。

（23）两次筛法（Quadratic Sieve）——现代整数因子分解算法，在实践中，是目前已知第二快的此类算法（仅次于数域筛法Number Field Sieve）。对于110位以下的十位整数，它仍是最快的，而且都认为它比数域筛法更简单。

（24）RANSAC——是"RANdom SAmple Consensus"的缩写。该算法根据一系列观察得到的数据，数据中包含异常值，估算一个数学模型的参数值。其基本假设是：数据包含非异化值，也就是能够通过某些模型参数解释的值，异化值就是那些不符合模型的数据点。

（25）RSA——公钥加密算法。首个适用于以签名作为加密的算法。RSA在电商行业中仍大规模使用，大家也相信它有足够安全长度的公钥。

（26）Schönhage-Strassen算法——在数学中，Schönhage-Strassen算法是用来完成大整数的乘法的快速渐进算法。其算法复杂度为：O（N log（N）log（log（N））），该算法使用了傅里叶变换。

（27）单纯型算法（Simplex Algorithm）——在数学的优化理论中，单纯型算法是常用的技术，用来找到线性规划问题的数值解。线性规划问题包括在一组实变量上的一系列线性不等式组，以及一个等待最大化（或最小化）的固定线性函数。

（28）奇异值分解（Singular Value Decomposition，简称SVD）——在线性代数中，SVD是重要的实数或复数矩阵的分解方法，在信号处理和统计中有多种应用，比如计算矩阵的伪逆矩阵（以求解最小二乘法问

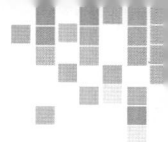

题）、解决超定线性系统（overdetermined linear systems）、矩阵逼近、数值天气预报等。

（29）求解线性方程组（Solving a system of linear equations）——线性方程组是数学中最古老的问题，它们有很多应用，比如在数字信号处理、线性规划中的估算和预测、数值分析中的非线性问题逼近等。求解线性方程组，可以使用高斯-约当消去法（Gauss-Jordan elimination），或是柯列斯基分解（Cholesky decomposition）。

（30）Strukturtensor算法——应用于模式识别领域，为所有像素找出一种计算方法，看看该像素是否处于同质区域（homogenous region），看看它是否属于边缘，还是是一个顶点。

（31）合并查找算法（Union-find）——给定一组元素，该算法常常用来把这些元素分为多个分离的、彼此不重合的组。不相交集（disjoint-set）的数据结构可以跟踪这样的切分方法。合并查找算法可以在此种数据结构上完成两个有用的操作：查找、判断某特定元素属于哪个组；合并：联合或合并两个组为一个组。

（32）维特比算法（Viterbi algorithm）——寻找隐藏状态最有可能序列的动态规划算法，这种序列被称为维特比路径，其结果是一系列可以观察到的事件，特别是在隐藏的Markov模型中。

对非结构化数据处理分析是大数据的相关处理算法的优势之一。与此同时，另一个算法场景亦极其重要，那就是图论算法在数据分析尤其是在非结构化数据分析中的应用。

图形数据库是NoSQL数据库的一种类型，它应用图形理论存储实体之间的关系信息。图形数据库是一种非关系型数据库，它应用图形理论存储实体之间的关系信息。最常见例子就是社会网络中人与人之间的关系。关系型数据库用于存储"关系型"数据的效果并不好，其查询复杂、缓慢、超出预期，而图形数据库的独特设计恰恰弥补了这个缺陷。

在一个图形数据库中，最主要的组成有两种：结点集和连接结点的关系（有的也称泡泡和箭头）。结点集就是一系列结点的集合，比较接近于关系数据库中所最常使用的二维表结构，而关系则是图形数据库所特有的组成部分。

相对于关系数据库中的各种关联表，图形数据库中的关系可以通过关系能够包含属性功能来提供更为丰富的关系展现方式。相较于关系型数据库，图形数据库的用户在对事物关系或各类数据进行关联性分析时将拥有一个更为强大的数据分析利器，那就是有力提升数据关联关系的发现能力。正因为如此，图数据分析方法能够帮助人们发现更多的隐藏在海量数据中的关联关系，即所谓的"发现潜在的知识"，或发现"新的知识"。换句话讲，就是发现我们通过其他传统的数据分析方法发现不了的数据之间的隐性连接。图数据分析的这种优势更适合或者决定了图数据分析更易于帮助人们发现某些业务风险的线索，或是犯罪线索，为大数据分析开辟了另一个广阔的空间。

因此，图数据分析能够广泛应用到生物医药、基因研究、金融、网络安全态势感知、银行、证券、保险、网络媒体分析、反恐等领域。目前，图数据分析经常被用在反商业欺诈、金融风控、反洗钱、反恐或者犯罪案件侦破等场景中。

与传统数据分析方法相比，图数据库分析非常依赖高性能计算（HPC）环境的计算能力，在X86体系运行图数据则更多地采用了分布式集群计算技术，以提升图数据分析的效率。

常用的图数据分析平台有以下几种：

Neo4j是一个流行的图形数据库，它是开源的。最近，Neo4j的社区版已经由遵循AGPL许可协议转向了遵循GPL许可协议。尽管如此，Neo4j的企业版依然使用AGPL许可。Neo4j基于Java实现，兼容ACID特性，也支持其他编程语言，如Ruby和Python。

FlockDB是Twitter为进行关系数据分析而构建的。FlockDB迄今为止还没有稳定的版本，对于它是否是一个真正的图形数据库，尚有争议。FlockDB和其他图形数据库（如Neo4j、OrientDB）的区别在于图的遍历，Twitter的数据模型不需要遍历社交图谱。尽管如此，由于FlockDB

应用于Twitter这样的大型站点，以及它相比其他图形数据库的简洁性，仍然值得我们关注。

AllegroGrap是一个基于W3c标准的为资源描述框架构建的图形数据库。它为处理链接数据和Web语义而设计，支持SPARQL、RDFS++和Prolog。

AllegroGraph是Franz Lnz公司（Web语义产品提供商，旗舰产品是基于LISP的企业开发工具）的产品之一，Pfizer、Ford、Kodak、NASA和美国国防部都是该公司的客户。

GraphDB是德国Sones公司在.NET基础上构建的。Sones公司于2007年成立，近年来陆续进行了几轮融资。GraphDB社区版遵循AGPL v3许可协议，企业版是商业化的。GraphDB托管在Windows Azure平台上。

InfiniteGraph基于Java实现，它的目标是构建"分布式的图形数据库"，已为美国国防部和美国中央情报局所采用。

除此之外，还有其他一些图形数据库，如OrientDB、InfoGrid和HypergraphDB。Ravel则是构建在开源的Pregel实现之上，微软研究院的Trinity项目也是一个图形数据库项目。

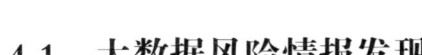
4.1　大数据风险情报发现

　　各类潜在危机或风险酝酿或爆发的苗头信息已不单单是简单的信息本身，它蕴含着巨大的社会价值，已属安全情报的范畴。准确掌握这些情报并科学处置风险，能够挽回巨大的生命或财产损失。因此，应从风险战略的高度重新认识风险信息所蕴涵的情报价值。对一个国家、一个机构，甚或一个企业来说，及时有效地发现风险，并合理地规避、处置、应对经常关乎生死存亡。不重视风险发现及科学防控所导致的国家灭亡、政体垮台、企业破产、个人信誉重创的古今中外案例比比皆是。

　　有资料显示，信息安全风险有70%来自系统内部，是内鬼所为。这也充分印证了一句话：堡垒最容易从内部攻破。

　　风险苗头信息的发现具有极大的社会价值，发现风险是风险治理的关键，也是风险治理的首要工作。这些信息已经具备了情报的意义。所谓风险情报，是指被发现或正在传递的风险线索、风险知识或风险事实，是运用一定的方式方法发现、接收、传递的特定信息或知识。风险情报、威胁情报、安全情报都是某一特定领域的危机线索、安全线索、风险线索信息。

　　根据Gartner对威胁情报的定义，威胁情报是某种基于证据的知识，包括上下文、机制、标识、含义和能够执行的建议，这些知识与资产所面临的已有的或酝酿中的威胁或危害相关，可用于资产相关主体对威胁或危害的响应或处理决策提供信息支持。业内大多数所说的威胁情报可以认为是狭义的威胁情报，其主要内容为用于识别和检测威胁的失陷标识，如文件HASH、IP、域名、程序运行路径、注册表项等，以及相关的归属标签。威胁情报旨在为面临威胁的资产主体（通常为资产所属企业或机构）提供全面的、准确的、与其相关的并且能够执行和决策的知

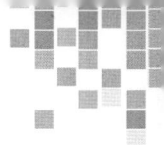

识和信息。

威胁情报通常分为以下四种：

战略威胁情报（Strategic Threat Intelligence）。战略威胁情报提供一个全局视角看待威胁环境和业务问题，它的目的是告知执行董事会和高层人员的决策。战略威胁情报通常不涉及技术性情报，主要涵盖诸如网络攻击活动的财务影响、攻击趋势以及可能影响高层商业决策的领域。

运营威胁情报（Operational Threat Intelligence）。运营威胁情报与具体的、即将发生的或预计发生的攻击有关。它帮助高级安全人员预测何时何地会发生攻击，并进行针对性的防御。

战术威胁情报（Tactical Threat Intelligence）。战术威胁情报关注于攻击者的TTP，其与针对特定行业或地理区域范围的攻击者使用的特定攻击向量有关。并且由类似应急响应人员确保面对此类威胁攻击准备好相应的响应和行动策略。

技术威胁情报（Technical Threat Intelligence）。技术威胁情报主要是失陷标识，可以自动识别和阻断恶意攻击行为。当前，业内更广泛应用的威胁情报主要还是在技术威胁情报层面。

威胁情报来源主要包括企业内部网络、终端和部署的安全设备产生的日志数据；安全厂商、行业组织产生的威胁数据；新闻网站、博客、论坛、社交网络；一些较为封闭的来源，如暗网、地下论坛等。

常用的威胁情报分析方法和模型包括Lockheed Martin的Cyber Kill Chain、钻石分析法、MITRE ATT&CK。

安全情报是指所有影响系统安全行为的安全信息。从广义上讲，安全问题是当前国家、政府、企业、社会、大众及学界广泛关注的一个重要现实问题，而安全情报对保障社会安全至关重要。因此，安全情报研究具有十分重要的理论与现实意义，它涵盖了社会的方方面面。

安全情报是开展系统安全管理工作的前提与基础，安全情报是系统安全管理的"耳目、尖兵与参谋"。

系统安全管理失败的根本原因是安全情报缺失，就系统安全管理而言，安全情报的价值是解决系统安全管理中的安全信息缺失问题。由此，根据系统安全管理活动的分类（即安全预测活动、安全决策活动与安全执行活动），安全情报的价值主要有以下几个方面：

（1）"发现得了，发现得准，发现得早"：安全情报可充当系统的安全预测（预警）支持系统。它是掌握系统安全管理主动权的先决条件。所谓"发现得了，发现得准，发现得早"，是指成功的安全预测（预警），即在充分收集、了解与掌握各种安全信息的基础上，并通过分析这些安全信息获得有效的安全情报，进而基于安全情报做出超前、正确、科学而精准的安全预测。换言之，安全情报有助于发现系统的安全威胁与安全促进机会，并通过增加超前安全预警时间而增加系统安全管理者的反应时间，进而获得系统安全风险管控优势，做到防患于未然。

（2）"决定得好，决定得快，决定得省"：安全情报可充当系统的安全决策支持系统。它是制定系统安全管理方案的基本要求。所谓"决定得好，决定得快，决定得省"，是指成功的安全决策，即在综合研判各类安全预测情报的基础上，基于最佳安全情报快速作出科学、可靠、有效且经济的安全决策。

（3）"防控得早，防控得实，防控得住"：安全情报可充当系统的安全执行支持系统。这是系统安全管理响应的终极目标。所谓"防控得早，防控得实，防控得住"，是指成功的安全执行，即根据安全决策情报，通过及时、有效而到位地实施安全决策方案（主要指各类安全措施，包括应急管理措施），尽力防控各类不安全事件发生，或通过有效的应急管理措施使不安全事件的不良后果减少及影响降至最低。

"安全情报还可作为重要的安全学习系统，不仅能帮助系统安全管理者不断接触崭新的安全思想及先进的安全管理方法，并能让系统安全管理者学习事故经验教训等。总之，安全情报工作既可为安全管理工作提供具体线索与思路，又可为安全管理工作提供依据与参考。而安全情报工作是获取安全情报的重要途径，只有安全情报工作做得扎实有效，

才能在安全管理中实现'超前预防''耳聪目明'及'精准施策'。此外，安全情报价值的实现须依赖于积极倡导和践行'情报主导的安全管理'理念。"①

　　知识性、传递性、价值性、秘密性和时效性是情报信息的主要特点。风险情报的发现和分析方法与安全情报的发现和分析方法有许多相似和共通之处。

①　王秉，吴超：《安全情报概念的由来、演进趋势及涵义——来自安全科学学理角度的思辨》，《图书情报工作》，2019年第3期，第45—53页。

4.2 风险情报分析发现

美国《国防部军事与相关术语字典》认为，情报分析是通过对全源数据进行综合、评估、分析和解读，将处理过的信息转化为情报以满足已知或预期用户需求的过程。

风险情报分析的目的是提供社会治理决策者或组织决策者有关风险信息的一整套综合决策支持和应对处置流程。

风险情报分析平台一般包括多源数据采集收集、应用检索、决策知识库、数据分析（包括可视化呈现）、风险预警、决策支持、任务响应、行动协同、效能监测等几个部分。

有分析说："战争中得到的情报，很大一部分是互相矛盾的，更多的是假的，绝大部分是相当不真实的。这就要求军官具有一定的辨别能力，这种能力只有通过对事物和人的认识和判断才能得到。"面对现代战争中越来越多的信息，如果不能有效提取优质信息，去除其中夹杂着的大量"信息糟粕"，就可能陷入"信息误区"，从而处于信息劣势地位，无法取得战争的主动权。

大数据技术就是从复杂信息中发现信息的关联性，揭示隐蔽性的事实，增强可信性的一门科学，它能够有效弥补传统分析方法在信息加工方面的不足，因此在战略态势感知方面越来越需要大数据技术的参与和支持。

风险情报数据分析算法的科学性对大数据处理来说至关重要，其直接影响所得结论的准确性。对于战略态势感知来说，需要有针对性地运用不同的算法，对特定事件出现的各种征兆或迹象进行采集、质疑、假设、数据补充、验证和评价，这一过程往往需要重复循环进行并不断修正，以提高结论的准确性。然而有关算法的逻辑基础大多是基于人的

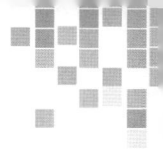

判断，虽然人的判断在后续会得到修正，但是如果一开始方向就是错误的，得到的结论可能会距离真相越来越远。

对于态势感知来说，大数据处理算法需要因时、因势、因事而定，片面的或者僵化的算法都将产生严重的误差，而人为因素的全程介入，则又将造成一定的主观性，二者的矛盾需要很好地协调解决，才能切实增强感知的有效性。同时，不同的数据场景、需求和应用场景也决定了使用的算法的不同或者性能的优劣，只有在不断地对相关算法进行调整、修正和测试比对的过程中才能找到最高效和接近现实演变及发展规律的算法。

通过大数据分析的方法发现风险的演进规律和预警性情报，对有效打击和预防风险提供必要的决策支持。信息化在国家安全领域的持续推进，随之带来的是各部门信息和数据意识的不断提升和增强，这也使得实际工作中大量数据的产生，在此类规模庞大的数据中，包含着我们尚未发现的有价值的内容。为有效利用海量数据，必须要有专门和高效的分析工具，实际运用和大数据有关的挖掘技术，将是有效解决这一需求的重要途径。

计算机应用技术的发展大致可以分为数值计算、数据处理、知识处理等三个方面。其中，数值计算主要侧重对于算法的研究；数据处理的主要对象为海量数据，数据库语言是其最具代表性的语言。伴随技术的发展，信息管理系统在数据库的基础上应运而生，主要作用在于实现对数据库进行方便的查询、修改和汇总，并及时提供我们需要的计算结果，以提高对数据库的管理效率。但是，实际工作中发现，对于复杂的系统，仅仅简单地依靠人工的方式提出计算指标，很难有效地实现对数据库的管理。此时，最有效的解决方案就是计算机代替人工对模型进行优化，再提出具体的解决方案。

数据库使用的时间越长，其自身所积累的数据就越多。随着数据的大量搜集和积累，我们运用有效的方式从中挖掘有用的信息就显得格外重要。解决问题的方法总是伴随问题而生，美国数据仓库之父比尔·恩

门（Bill Inmon）在《建立数据仓库》中提出了数据仓库概念，即数据仓库是面向主题的、集成的、相对稳定的且随时间变化的数据收集，为管理决策提供支撑。其主要作用是将分散在不同平台上的数据进行重新组合和处理，形成主要面向决策的数据集。数据仓库最根本的特点是其中的数据不是新产生和专有数据，而是对其他数据库中数据的重新整合。数据仓库的建立不是取代原有的数据库，而是建立一个更加全面、完善的信息应用平台来支持高层决策分析。

数据仓库是在数据库技术上发展的一个新应用，最大特点是利用数据库管理系统对数据进行管理，体现在面向主题、高度集成、系统稳定、数据量庞大四个特点上。在运行过程中，数据仓库还需借助可视化工具、联机分析处理等前端访问工具。可视化工具以图形的形式显示数据，以了解数据结构的特点上。联机分析处理能够实现在线分析的功能。从此类长期积累的数据中挖掘分析有用的信息，实现知识发现的主要任务。数据挖掘（Data Mining）是知识发现（Knowledge Discovery in Database）的处理过程，也同时是知识发现的最重要环节。其具体含义是根据特定的要求从数据库中提取潜在有用信息的过程。

人工智能、统计学等也是知识发现和数据挖掘最常用的工具。人工智能概念在达特茅斯学院召开的研讨会上首次被提出来，到了20世纪70年代初期，人工智能开始新一轮的发展高潮，出现了大量成功的专家系统应用程序。20世纪80年代后期，人工神经网络研究将人工智能再次推向一个新的高度。与人工智能相关联的专家系统和机器学习等分支也在迅速发展。现实案例中典型的专家系统有两个部分：一是知识库+推理机+人机接口，与上述决策支持系统有些相似；二是人工神经网络系统，主要实现统计、回归、聚类等功能。知识发现和数据挖掘综合应用这些技术，从大量的数据中发现规律，提取模式，形成新的知识。虽然现在有专门的软件，但技术不能说已经非常成熟，人们已经认识到利用数据挖掘技术来寻找与行业工作相关的信息是每个行业适应信息时代发展的需要。因此，数据挖掘技术在各个行业中的有效应用逐渐受到人们

的研究和重视。

　　"情报"在《辞海》里的解释为："以侦察手段或其他方法获得的有关敌人军事、政治、经济等各方面的情况，以及对这些情况进行分析研究的成果"；"泛指一切最新的情况报道，如科学技术情报"。

　　社会安全风险情报工作是利用各种技术手段搜集、分析、研判、综合获取的内容，最终形成各种形式的风险情报产品。伴随现代化信息技术的发展，用户能够借助数据库和搜索引擎得到更多资源，并通过数据分析系统进行初步分析和研判。通用的信息获取和分析手段中，数据挖掘是最重要的技术之一，用户能够利用数据挖掘技术构建全面高效的情报分析预警体系。在新的国际环境和时代背景下，单纯依靠情报人员归纳、推理进行数据分析难以满足需求，在现有技术条件的支撑下，开发适合部门业务特点的数据挖掘和分析系统，将是提升风险情报发现能力赢得治理主动权，进而构建现代社会风险治理体系的必由之路。

4.3　风险数据挖掘

数据挖掘是指从大量、不完整、有噪声、模糊和随机的数据中通过算法搜索隐藏在其中有用的信息和知识的过程，其本质是发现新知识的应用技术。随着信息技术的飞速发展，人们所积累的数据量在不断地高速增长，最明显的是以TB为计算单位的数据规模已成为数据挖掘的常态。如何从海量的数据中提取我们所需要的有用信息是数据挖掘的核心目的。

数据挖掘的本质是指从大量数据中提取或挖掘出有用的知识。知识发现（Knowledge Discovery in Database，简称KDD）是数据挖掘一种广义的说法，具体含义是指从各种媒体表达的信息中，根据不同的需求获得知识。知识发现的目的是替使用者筛除原始数据的烦琐细节，从原始数据中提炼出有意义的、简洁的知识，直接向使用者报告。数据挖掘是知识发现中的一个特殊步骤，它们之间的区别可以理解为：知识发现比数据挖掘更具普遍性，而数据挖掘是一个更为具体和深入的概念。知识发现过程由以下迭代序列组成：数据挖掘、模式评价和知识表示，其中数据清理、数据集成、数据选择和数据转换是为挖掘准备数据的不同形式的数据预处理。数据挖掘的步骤可以与用户或知识库交互。有趣的模式作为新知识提供给用户或存储在知识库中。从狭义上说，数据挖掘只是这个过程中的一个步骤，尽管是非常重要的一步。从广义上说，数据挖掘是从数据库、数据仓库或其他信息库中存储的大量数据中发现有趣知识的过程。

数据挖掘的任务一般可以分为两大类：一是预测任务，此类任务的目标是根据其他属性值来预测特定属性的值，这里被预测的属性一般称为目标变量，而用来做预测的属性称说明变量；二是描述任务，目标是

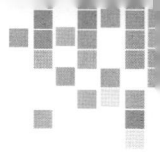

导出概括数据中潜在联系的模式，描述性数据挖掘任务通常具有探索性，并且常常需要后处理技术来验证和解释结果。

一是总结。数据总结的目的是集中数据，对数据进行简洁的描述。传统的方法是计算每个字段的数据库中的求和值、平均值、方差等，或者使用图形化的方式进行表述。数据挖掘主要的关注点是从数据泛化的角度来讨论数据总结。数据泛化的具体概念是一个从相对低层概念到更高层概念，并且对数据库中与任务相关的大量数据进行抽象概述的分析过程。由于数据库中的数据或对象总是包含最原始、最基本的信息，这是为了不造成任何有用的数据信息遗漏。为了数据使用的便捷性，使用者往往希望能够从较高层次的视图上处理或浏览数据，因此对数据进行不同程度上的泛化是为了便于查询的需要。

二是分类。分类是找出数据库中一组数据对象的共同特点并按照分类模式将其划分为不同的类，其目的是通过分类模型，将数据库中的数据项映射到某个给定的类别。一般情况下，分类和回归可用于预测。预测的目的是自动从历史数据记录中推导出给定数据的扩展描述，从而可以预测未来遇到的数据。分类和回归最大的区别就是，分类的输出是离散的类别值，回归的输出是连续的数值。

三是聚类。聚类也称为聚类分析或细分，基于一组属性对事例进行分组，同一聚类中或多或少有相似的属性值。聚类分析是把一组数据按照相似性和差异性分为多个类别，其目的是使得属于同一类别的数据间的相似性尽可能大，不同类别中的数据间的相似性尽可能小。聚类的方法包括统计方法、机器学习方法、神经网络方法等。

四是关联。数据关联是数据库中存在的一类重要的可被发现的知识。具体含义是，若两个或多个变量的值存在某种规律性，我们就称之为关联。关联可分为简单关联、时序关联、因果关联。关联分析的目的是找出数据库中隐藏的关联网。然而，很多情况下，我们并不知道数据库中数据的关联函数，或者即使知道也不确定，因此关联分析生成的规则带有可信度。

五是时序。时序模式是指通过时间序列搜索出的重复发生概率较高的模式。和回归一样，它也是用已知的数据预测未来的值，但这些数据的区别是变量所处时间的不同。

六是偏差分析。偏差分析又称比较分析，指的是对差异和极端特例的描述，用于揭示事物偏离常规的异常现象。数据库中的数据存在许多异常情况。它们与数据的一般行为或模型不一致，此类数据对象也称为离群点。大多数数据挖掘方法将离群点处理为噪声或异常进行丢弃。然而，在一些应用程序中，罕见的事件可能比普通事件更有价值和意义。异常数据的数据库非常重要，偏差检验的基本方法是找出观测结果与参考值之间的差异。

数据挖掘方法一般分为以下几种：

（1）遗传算法。遗传算法是一种自适应的全局优化概率搜索算法，用于模拟自然环境中生物体的遗传和进化过程。其第一次由美国密歇根大学计算机系教授、心理学系教授John Holland提出，这种算法具有计算简单、优化效果好的特点，它在处理组合优化问题方面也有一定的优势，可用于聚类分析。

（2）粗糙集方法。粗糙集理论作为数据分析处理理论，在1982年由波兰科学家Z.Pawlak创立。该理论最早由于语言的问题而被提出，1992年关于粗糙集理论的第一届国际学术会议在波兰召开，1995年ACM将粗糙集理论列为新兴的计算机科学的研究课题。粗糙集方法广泛应用于不精确、不确定和不完全信息的分类和知识获取。

（3）决策树方法。通俗来讲，将决策问题的自然状态或条件出现的概率、行动方案、益损值、预测结果等，用一个树状图表示出来，并利用该图反映出人们思考、预测、决策的全过程。决策树方法使用训练集生成测试函数，根据不同的值建立树的分支，并在每个分支集中反复建立下一层节点和分支。这样，生成决策树，然后修剪决策树，最后将决策树转化为规则，主要用于分类和挖掘。

（4）神经网络方法。人工神经网络就是模拟人类的思维方式，是

一个非线性动力学系统，其特色在于信息的分布式存储和并行协同处理。虽然单个神经元的结构功能有限，但大量神经元构成的网络系统所能实现的行为却是极其丰富多彩的。

（5）模糊逻辑。主要是模仿人脑的不确定性概念判断、推理思维方式，对于模型未知或不能确定的描述系统，以及强非线性、大滞后的控制对象，应用模糊集合和模糊规则进行推理，表达过渡性界限或定性知识经验，模拟人脑方式，实行模糊综合判断，推理解决常规方法难于对付的规则型模糊信息问题。在数据挖掘领域，模糊逻辑可用于模糊综合判别和模糊聚类分析。

（6）聚类分析。聚类分析是根据事物的特点对其进行聚类或分类。从中发现规律和典型模式。通过聚类后，将数据集转换成群集，具有类似的数据变量值相同的类，不同类型的变量数据值不具有相似的性质。这种技术是数据挖掘中最重要的技术。

（7）可视化技术。此类技术指的是运用人们较容易理解的图形、图表、曲线等形式展现比较复杂的结果，数据可视化极大地扩展了数据的表达能力，便于人们理解。

数据挖掘知识发现类算法包括关联规则性知识挖掘、神经网络型知识挖掘、遗传算法型知识挖掘、粗糙集型知识挖掘四大类。

神经网络型算法是一个学习与整合的机理，算法分类准确度高、并行分布处理能力强、分布存储集学习能力强、容错能力在数据挖掘算法中极为不错，同时还具备联想记忆的功能，是知识发现类别中重要的算法。但有一个很大的缺点，算法不能观察学习的过程，输出的结果可解释性极低；此外神经网络模型学习时间过长甚至有可能达不到学习的目的，需要大量参数。

遗传算法有着快速随机的搜索能力，且搜索是从集群出发，具有并行性，可以实现多个个体的同时比较，搜索使用评价函数启发，过程简单，但同样有一个致命缺陷，遗传算法的编程实现比较复杂，首先需要对问题进行编码，找到最优解后还需要对问题解码。另外与神经网络算法具有同样的缺点，训练时间太长。

粗糙集型知识挖掘是一种主要用于研究不完全和不完整信息描述的数据挖掘技术，它主要体现在模糊、不确定的数据分析处理能力上。

关联规则算法是一种基于规则的机器学习算法，该算法可以在大数据中发现彼此之间的关系。它的目的是利用一些度量指标来分辨数据库中存在的强规则。也即是说关联规则挖掘是用于知识发现，是一种无监督的机器学习方法。Apriori算法是关联规则算法中的经典算法。Apriori算法主要用于挖掘其内含的、未知的却又实际存在的数据关系，其核心是基于两阶段频集思想的递推算法。Apriori算法使用先验性质，大大提高了频繁项集逐层产生的效率，且算法简单易于理解，数据集要求低。

4.4　风险情报关联规则算法

　　Apriori算法是经典的挖掘频繁项集和关联规则的数据挖掘算法，最早在1944年由R.Agrawal和R.Srikant提出。Apriori算法使用一种称为逐层搜索的迭代方法，其中k项集用于探索（k+1）项集。实现的顺序是：第一，通过对数据库进行扫描，累计数据库中每个项目的计数，并收集满足最小支持度的项目，找出一组频繁1项集的集合，记为L1；第二，使用L1找出频繁2项集的集合L2，使用L2找出L3，依此类推地进行下去，直到不能再找到频繁k项集。每个1层都需要一个数据库扫描。为提高频繁项集逐层产生的效率，Apriori算法使用频繁项集的先验性质来压缩搜索空间，这也是Apriori算法最具价值的特性。

　　传统的Apriori算法对新项目的敏感性问题。各类风险信息不断更新，以往原有的一些风险行为特征会逐渐消失，取而代之的是一些新的风险线索的不断出现。针对这种情况，风险信息数据库所涵盖的项目也在不断更新，减少或增加的项目之间发生的关联也在不断地变化，生成了新的关联规则。然而，传统的Apriori算法却基本没有考虑到这个问题，换言之，即便是增加了新的项目，在计算每个项目集的支持度时，算法都是根据整个数据库的风险信息记录总数进行计算，此情况不符合关联规则挖掘的目的。这种问题所产生的最大不足就是无法发现最新出现的频繁项目集，也就不能产生最新的关联规则。

　　传统的Apriori算法最大的缺陷就是不能有效地解决新项目的敏感性问题，这使得传统的Apriori算法无法在新汇集的数据库中及时发现新的风险威胁，更做不到对风险的提前预警。因此，对传统Apriori算法进行优化的目的，主要是加强对新出现的风险情报的敏感性。面对风险的不断出现，为使风险情报分析工作更加高效，将新出现风险的敏感性运用到对Apriori算法的优化过程中，将对风险情报发现工作起到巨大的推动作用。

目前，虽然Apriori算法本身已经得到了许多优化，但在实际应用中还仍然存在一些缺陷。比如，当数据库数量较大时，发现规则长度增加，运行时间就会大幅度增长，导致效率极度低下。因此，一些研究者相继提出了对于这一问题的优化方法。

最主要的改进方法如下：

（1）基于散列的优化方法。基于散列（Hash-Based）的优化方法可以用于压缩候选k项集的集合Ck（k>1）。在数据库中扫描每个事务时，由C1中的候选1项集产生频繁1项集L1时，我们可以对每个事务产生所有的2项集，并把其散列分布到散列表的不同容器中，增加容器的计数，在散列表中对应的容器计数低于支持度阈值的2项集不可能是频繁的，那么就由候选集中对其删除。这种技术当k＝2时特别有效，其关键是构造一个有效的散列函数。

（2）减少交易次数的方法。通过减少不必要的事务的数量来减少所扫描的事务数据库的大小，以提高挖掘的效率。其基本原理是，当事务不包括任意k项集，它也必须不包括任何（k+1）项集，就可以将此类别的事务删除。

（3）基于划分的优化方法。基于划分的优化方法采用了对原始事务数据库D进行两次扫描的技术。在第一遍扫描时，首先将事务数据库D从逻辑上分成几个互不相交的块，每个部分的最小支持度计数等于D的最小支持度与该部分的事务数之积。对于每个部分来讲，查找这一部分的频繁项集，就可以称为局部频繁项集。局部频繁项集可能不是整个事务数据库的频繁项集，整个事务数据库的任何频繁项集必须以本地频繁项集的形式出现在至少一个部分中。只有如此，把所有局部频繁项集的集合作为D的候选项集，称作全局候选项集。再次扫描D，根据全局候选项集和实际最小支持度确定全局频繁项集。每个部分的大小和分区的数量取决于该部分是否可以放入内存。

（4）基于采样的优化方法。基于采样的优化方法是在一个特定的数据库A中对随机样本B进行挖掘，这种方法的不足之处就是精确度不高，但其优点也显而易见，它的有效性得到提升。样本B中的频繁项集不一定是数据库A中的频繁项集，而且数据库A中的频繁项集不一定出现在样本B的频繁项集中，因此，应该使用比最小支持度低的支持度值来搜索样本B中的频繁项集，之后通过数据库的其余部分再来计算每个项集的实际频繁度。

（5）基于动态项集计数的优化方法。基于动态项集计数的优化方法主要是将数据库进行划分，分割为标记起点的块，该算法可以在任意起点添加新的候选集。这一技术动态地评估已计数的所有项集的支持度，若某个项集的所有子集都被识别为具有频繁属性，那么就将其添加为一组新的候选项集。这种算法在数据库中执行的扫描次数比Apriori算法要少很多。

4.5 态势感知的应用图景

早在20世纪80年代，美国空军就提出了态势感知的概念，涵盖感知、理解和预测三个方面。此后，随着网络的兴起而发展为"网络态势感知（Cyberspace Situation Awareness，简称CSA）"。态势感知是在大规模网络环境中对能够引起网络态势发生变化的安全要素进行获取、理解、显示以及最近发展趋势的顺延性做出预测和风险预警，及时采取决策与防御行动。

2009年，美国白宫在公布的网络空间安全战略文件中明确提出要构建态势感知能力，并梳理出具备态势感知能力和职责的国家级网络安全中心或机构，包含了国家网络安全中心（NCSC）、情报部门、司法与反间谍部门、US-CERT、网络作战部门的网络安全中心（Cybersecurity Center）等，覆盖了国家安全、情报、司法、社会组织、企业等各个领域。

没有信息安全就没有国家安全。没有信息安全，就没有真正的政治、军事、经济和社会安全，就没有整体意义上的国家安全。2016年4月19日，习近平总书记在网络安全和信息化工作座谈会上明确指出，加快构建关键信息基础设施安全保障体系；全天候全方位感知网络安全态势，增强网络安全防御能力和威慑能力。全天候全方位感知网络安全态势。知己知彼，才能百战不殆。没有意识到风险是最大的风险。网络安全具有很强的隐蔽性，一个技术漏洞、安全风险可能隐藏几年都发现不了，结果是"谁进来了不知道、是敌是友不知道、干了什么不知道"，长期"潜伏"在里面，一旦有事就发作了。

建设网络安全态势感知平台，应以"业务+数据定义安全"战略为核心驱动，基于更广、更深的数据来源分析，以用户实际需求为出发

点，从综合安全、业务安全、数据安全、信息基础设施安全等多个维度为用户提供全面的安全态势感知，在认知、理解、预测的基础上，真正帮助用户实现看见业务、看懂威胁、看透风险、辅助决策。

随着中国《网络安全法》和《国家网络安全战略》的相继出台，态势感知被提升到了国家战略高度，众多大行业、大型企业都开始倡导、建设和积极应用态势感知系统，以应对网络空间安全的严峻挑战。

狭义上讲，态势感知是一种基于环境的、动态整体地洞悉安全风险的能力，是以安全大数据为基础，从全局视角提升对安全威胁的发现识别、理解分析、响应处置、风险防御、危机应对能力的一种方式，最终是为了决策与行动，是安全能力的落地。

随着网络安全重要性的凸显，态势感知开始在网络安全领域崭露头角，现阶段面对传统安全防御体系失效的风险，态势感知能够全面感知网络安全威胁态势、洞悉网络及应用运行健康状态、通过全流量分析技术实现完整的网络攻击溯源取证，帮助网络安全人员采取针对性响应处置措施。

广义上的态势感知理论在近年来也有了重大的发展。广义的态势感知指，在基于海量源数据的收集分析基础上，对潜在威胁社会组织或个体的全要素各类风险因子进行动态呈现并提供风险预警级别研判和风险应对处置建议及行动协同和效能评价的体系。

态势感知概念和体系已经被广泛应用到网络空间信息安全、网络空间舆论风险、公共安全风险预警、反恐情报分析发现、金融、能源等宏观行业系统性风险预警、重大决策社会风险研判及预警、重大决策社会稳定风险研判及预警、现代城市风险治理领导决策支持等领域。

《孙子兵法》说："多算胜，少算不胜。"决定是否"多算"的重要因素在于掌握基础数据的多寡，以及对数据处理能力的高低。大数据技术逐步应用于各领域的态势感知，将通过各种渠道搜集到的各类海量信息数据进行自动分类、整理、分析，有效解决现有风险信息、监测、情报侦察系统不足以及决策支持能力不足等问题，获取在信息方面的优

势，提高社会安全保障水平。

在态势感知风险情报发现中，对多源数据的积累能力和适用的数据分析算法选择、调整和风险预警算法优化能力是至关重要的环节，也是难点所在。对风险情报的定性、定量分析以及针对当前的风险状态、发展态势或应对短板等环节，给出相应的应对决策及实施措施建议，这是态势感知的核心。

4.6　数值天气预报——态势感知应用典范

气象部门是最早应用态势感知预警理念和预警分析技术的行业机构之一，基于大气运动规律的模拟算法是数值预报（Numerical Weather Prediction，简称NWP）的核心算法。数值天气预报已经成为现代气象服务的基础天气预报业务支持平台。

所谓数值天气预报，就是从大气初始状态出发，对支配大气运动的动力和热力方程组进行时间积分，得到大气未来运行状态的预报。数值预报问题主要分为两个方面：一个是初值场的确定，一个是对大气方程组的时间积分。也就是说，数值天气预报是根据大气实际情况，在一定的初值和边值条件下，通过大型计算机作数值计算，求解描写天气演变过程的流体力学和热力学的方程组，预测未来一定时段的大气运动状态和天气现象的方法。

随着计算机技术、通信技术、大气科学及相关学科领域的发展，人类已可以利用计算机重现或预测发生在自然界的天气–气候变化的主要过程，这就是天气–气候的数值模拟与数值预报。"数值天气预报"用通俗的语言可表述为"用大数据系统来预测天气未来可能的走势"。

数值天气预报与经典的以天气学方法作天气预报不同，它是一种定量的、客观的预报，正因为如此，数值天气预报首先要求建立一个能较好地反映预报时段的（短期的、中期的）数值预报模式和误差较小、计算稳定并相对运算较快的计算方法。其次，由于数值天气预报要利用各种手段（常规观测、雷达观测、船舶观测、卫星观测等）获取气象资料，因此，必须恰当地作气象资料的调整、处理和客观分析。最后，由于数值天气预报的计算数据非常之多，很难用手工或小型计算机去完成，因此，必须要有大型的计算机。

根据大气实际情况，在一定初值和边值条件下，通过数值计算，求解描写天气演变过程的流体力学和热力学方程组，预报未来天气的方法。和一般用天气学方法并结合经验制作出来的天气预报不同，这种预报是定量和客观的预报。预报所用或所根据的方程组和大气动力学中所用的方程组相同，即由连续方程、热力学方程、水汽方程、状态方程和3个运动方程（见大气动力方程）所构成的方程组。方程组中，含有7个预报量（速度沿 x，y，z 三个方向的分量 u，v，w 和温度 T，气压 p，空气密度 ρ 以及比湿 q）和7个预报方程。方程组中的黏性力 F，非绝热加热量 Q 和水汽量 S，一般都当作时间、空间和这7个预报量的函数，这样，预报量的数目和方程的数目相同，因而方程组是闭合的。

数值预报已经成为现代天气预报业务不可或缺的重要基础手段，数值天气预报理论和技术不断发展，水平不断提高，数值预报的内涵也在延伸。

数值预报已经成为大气学科研究不可或缺的重要工具和手段：资料再分析——对过去资料的"定量"再利用，获取更长时间的过去大气演变信息，更好地深入研究大气运动发展的规律。

大气数值模拟理论和技术的拓展应用，推进了地球科学领域的发展，使过去、现在、未来几百年的、多圈层相互作用的气候变化过程、全球变化过程的"重现"、预估模拟成为可能。

数值预报业务和数值模拟研究的发展需求，推动了高性能计算、数据处理、计算数学、探测技术等领域的发展。

早期的天气预报基本靠人工和经验。当时，分析天气图和读取数据等工作，都是人工进行的，这些工作所费的时间，比当时在电子计算机上的计算时间（试验）多10倍左右。为了提高工作效率并减少人为的误差，从1954年起，人们相继提出一些用电子计算机进行客观分析和自动处理资料的方法。不久，从收报到分析预报，都开始实现了自动化。20世纪50年代后期，人们发现，用准地转模式所作的预报有很大的局限性，预报的系统强度变化不大。以后，虽然用平衡模式，效果有所提

高，但由于所用方程的阶数较高，若进一步考虑物理因素，可能给计算带来困难。1956年，A.埃利亚森提出用考虑重力波的原始方程模式制作预报的方案。1959年，K.欣克尔曼用原始方程模式作预报，获得了成功，其效果不低于准地转模式。但他和理查孙的做法不同，是在认识了快速重力波的性质，并采取新的措施（如缩短时间步长、滤去重力外波等）之后进行的。1960年，美国发射泰勒斯气象卫星成功，为提供沙漠和海洋等地区的气象资料找到了新的途径。随着动力气象和计算技术的发展，原始方程模式预报的效果逐渐超过准地转模式预报，到70年代初期，已比较普遍地用它作业务预报了。

截至20世纪80年代，全世界已有30多个国家和地区把数值天气预报作为制作日常预报的主要方法。就预报项目来说，已包含有气压、温度、湿度、风、云和降水量；就范围来说，已从对流层有限区发展到包括平流层的半球和全球范围；就时效来说，除1～2天短期预报外，有的国家已开展了一个星期左右的中期预报。

1. 传统的天气预报流程

大气的演变过程非常复杂，但大气运动遵循一定的物理规律，受流体力学和热力学方程组的支配，如下图。

大气运动方程组		大气运动的闭合方程组
物理定律　　　　　特定的数学表现形式		$\dfrac{\mathrm{d}\vec{V}}{\mathrm{d}t}=-\dfrac{1}{\rho}\nabla p-2\vec{\Omega}\wedge\vec{v}+\vec{g}+\vec{F}$
■ 牛顿第二定律 → 运动方程		$\dfrac{\partial\rho}{\partial t}+\nabla\cdot(\rho\vec{V})=0$
■ 质量守恒定律 → 连续方程		$p=\rho RT$
■ 能量守恒定律 → 热力学方程		$\dfrac{\partial T}{\partial t}+\vec{v}\cdot\nabla\vec{V}-\dfrac{RT}{C_{P}P}\dfrac{\mathrm{d}p}{\mathrm{d}t}=\dfrac{Q}{C_{P}}$
■ 气体守恒定律 → 状态方程		
■ 水汽守恒定律 → 水汽方程		$\dfrac{dq}{\mathrm{d}t}=\dfrac{\partial q}{\partial t}+\vec{v}\cdot\nabla q=S/p$

2. 数值天气预报的分析模拟和运作模型

数据分析模型

（1）给定初始和边界条件；

（2）通过数值方法求解描述大气动力和热力规律的方程组；

（3）达到由初始时刻大气状态预报未来大气状态的目的。

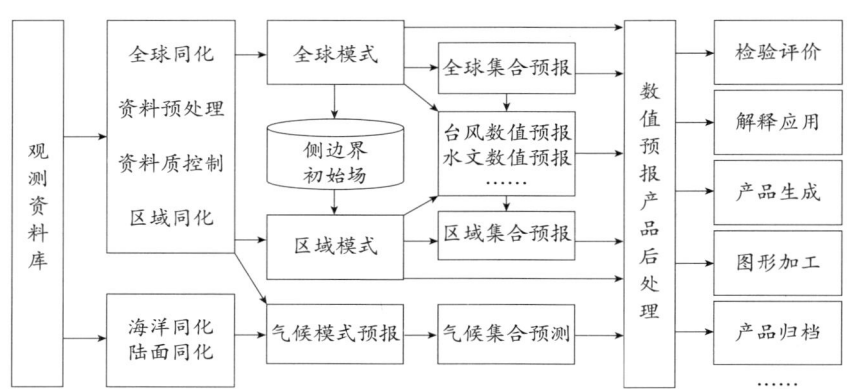

数值预报处理结构示意图

目前，国际上最先进的数值天气预报模式可信预报时效已达8.5天以上。

描述大气运动和演变的方程组非常复杂，高度非线性，很难得到大气运动方程组的精确解，数值预报的实现依赖于观测精度、数值计算方法、物理化学认知、计算条件等。

数值天气预报的不确定性表现在以下几个方面：

初始条件不确定。初始误差随时间增长，即观测有误差，故有不确定性，主要由有限的模式分辨率产生，是离散网格点代替连续时间和空间变化的计算方法带来的误差。

数值天气预报的模式方程组是一组非线性方程组，通常不可能求得解析解，只能借助计算机采用数值方法求其近似解。而计算机无法处理连续性问题，必须要进行时间和空间的离散化。

模式不确定。模式中表征物理过程或计算近似造成的不确定。求解

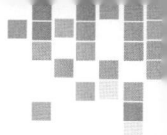

的数值近似与次网格物理参数化造成的不确定。

大气运行的因素的复杂性，也决定了数值模拟天气过程和预测天气过程是一个无限逼近真实的过程，在大数据预测中，是"模糊中的精确"，是一种可能。

数值天气预报揭示了天气活动的一种应然或必然的趋势。

因此，数值预报模式产品是在"多种完美假设"前提下的、进行"若干简化"后的"仿真"产品。

这种数值天气预报的不确定性给定时、定点、定量精细化要素天气预报提出了挑战。因此，数值天气预报在对数学模型计算出来的产品又重新进行解释应用，以订正数学算法得到的结果，并使得对天气态势的感知更加逼近真实。

通过数值预报产品的进一步解释应用，不仅可以在一定程度上消除天气动力数学模式的系统误差，而且也力求满足人们要求的定点、定时、定量的要素天气预报。

3. 数值天气预报释用数学分析模型

（1）天气概念模式（天气经验、聚类法、相似法）。

（2）统计方法：多元回归、卡尔曼滤波、逐级订正、人工神经元网络、判别分析、多维动态关联模型、SVM支持向量法等。

（3）动力建模（模式）。

从逻辑性思路上分为经典统计法、完全预报（PP）和动力输出（MOS）模式。

对于数值天气来说，其分析方法及对数学模型分析结果及其各个产品环境有着严格且成熟的检验评估流程和检验标准，包括对原始数据的校验，这种业务处理流程对其他场景的预测预警类应用具有重要的参考价值。

数值天气预报还有许多问题尚待解决。

第一，次网格尺度的物理过程的引入。由于大气是一种具有连续运动尺度谱的连续介质，故不管模式的分辨率如何高，总有一些接近于或小于网格距尺度的运动（见数值天气预报常用计算方法），无法在模式中确切地反映出来，这种运动过程称为次网格过程。湍流、对流、凝结和辐射过程都包含有次网格过程。在数值预报中已采用参数化的方法来考虑这些过程，即用大尺度变量来描述次网格过程对大尺度运动的统计效应。尽管用这种方法已取得了相当好的效果，但仍有许多未解决的问题。如参数化不能考虑大尺度对小尺度的影响及其反馈作用，参数的数值缺乏客观的确定方法，模式对参数化的差异过于敏感等。

第二，非线性方程的数值解。虽然在适当条件下，可以证明某些线性微分方程组的稳定格式的数值解，能够近似表示相应的微分方程组的真解，但对于非线性微分方程来说，两种解却可能不完全一致。已有证据表明，虽然有时候数值解是计算稳定的，但却与真解（这是特殊情况，真解是已知的）毫无相似之处。

第三，初值形成问题。即各类海量原始气象数据本身存在的问题，这些数据包括土壤、低空、高空、海洋等对象的大气活动基础观测数据，这些资料包括实时气象观察数据、雷达数据、卫星遥感数据、海洋漂浮站数据等。它包括初值处理、卫星资料的应用和四维同化等问题，这些问题至今尚未很好解决。

这些问题都是在设计数值天气预报模式时的难点。首先最根本的原因还是因为人们对天气演变规律的认识程度依然不足，特别是人类对中期和长期天气过程和强风暴以及极端天气现象发生和发展的认识都还存在很多不足。其次，用卫星和遥感技术等手段探测大气，对提供记录稀少地区的资料有一定数据上的贡献，但数据量依然不够。最后，各类气象探测的精度和天气预报的准确率仍有待进一步提高。

4.7 态势感知与社会群体性事件发现

大数据时代，互联网的介入使群体性事件出现新趋势和新动向，不同类别的群体性事件呈现出不同于以往的新特点，同时也催生了一些新的群体性冲突事件。总体来看，越来越多的社会冲突在酝酿过程中和爆发之后都对互联网产生严重依赖，互联网渗透到社会冲突之中滋生了更多、更大规模的群体性事件隐患。为了更有效、更及时地预警群体性事件，使其在发生破坏性冲击之前得以有效控制，需要依托大数据，将技术与管理相结合，在数据、经验与知识的共享和制度、环境的共建中推进群体性事件预警的智能决策，在多元协同的社会综合治理中实现群体性事件的精准预警、科学防范。

在群体性事件治理中，预警的重要性已经深受广大学者和政务工作人员认可，不少领域学者和工作人员在理论与实践层面持续探索其中的预警之道。群体性事件预警的总体目标是防范社会矛盾的认知偏见，杜绝单一极化的价值判断，减少社会情绪能量的无序释放和避免破坏性集体行动的发生。全面性的群体性事件预警框架强调在群体性事件的不同时期对不同的阶段重点进行预警：当群体性事件处于潜在期，要阻断群体性事件的爆发；当群体性事件已经爆发，要防止群体性事件的扩散和升级；当群体性事件升级和扩散后，要防范暴力行为。

在群体性事件发展的历史沿革中，作为一种突发事件的应急应对来看，群体性事件多遵循"一案三制"的框架模式。即以应急预案为前提，以应急管理体制为基础，以应急管理机制为关键和以应急管理法制为保障的突发事件应对框架。互联网的出现改变了群体性事件的发生发展格局，群体性事件向互联网的转移也使其呈现出不同于以往的新特征、新动态。群体性事件预警面临着新的挑战。

　　近些年，政府组织治理群体性事件的理念不仅仅局限于依托单一力量针对现实社会中集体行动，对依托互联网平台构建的虚拟空间也更加关注，兼顾现实空间和网络空间的互动，开展群体性事件预警与治理的多元协商共同行动。从行政压制走向制度建设，从被动应对走向主动回应，从单一决策到多元参与，从政府主导走向社会共治的新趋势和方向开创了群体性事件预警的新模式。理念是行动先导，理念的实现需要行动层面的多元互动。在大数据时代，群体性事件出现的新趋势、面临的新挑战需要在治理中不仅仅是树立智能预警理念，更重要的是以技术和管理相结合的行动策略推动智能预警理念的实现。

　　从传统的群体性事件预警模式、群体性事件新特点和政府工作的理念调整出发，可以发现，传统模式难以应对新时期的群体性事件，互联网时代还沿用传统模式进行群体性事件预警是低效甚至无效的。在互联网时代进行群体性事件预警，需要依托互联网衍生的大数据，以此为支撑在数据、经验与知识的共享和制度、环境的共建方面有所建树，实现群体性事件智能预警才可能是高效、精准的。

　　戴维·伊斯顿（David Easton）的政治系统理论将公民的诉求和支持视为政治系统的输入端，政策制定者对其进行接收和处理，输出政策产品。互联网的出现为群体权益的维护和个体诉求的表达提供了更多机会和平台，官网披露、热线公布、网络举报、公开回复等多形式的网络维权途径日见于网端。可以说，互联网的使用和非制度化政治参与之间存在着"抑制性双向因果"关系，借助"互联网+"，人们会更加频繁、更多自主地表达自我，追求所需。总体来看，依托互联网实现的诉求表达渠道有所增加，但很多渠道存在着形式主义的问题，并没真正改善政治系统的"输入性故障"。相反，甚至激化了过剩的表达诉求与低能的网络抗争之间的矛盾，造成了维权行动在网络空间与现实空间的往返回复，恶性循环。互联网是群体性事件中谣言滋生与传播的温床，谣言"存在的基础是使人希望对事物有进一步的了解或是对隐约感到的威胁的一种反应"。面对突发事件，当官方信息供给不能满足社会民众的信

息需求时，强烈的信息饥渴强化了人们去寻求真相的动机。于是网络谣言出现，小道消息盛行，虚假信息流传，填充了群体性事件真实信息的缝隙，为权威信息的发布、真实情况的澄清和网络环境的净化设置了障碍，为群体性事件的发酵和升级创造了不利的舆论环境。互联网信息传递的匿名性、快速性特征为网络谣言的出现和传播提供了条件，不及时辟谣会导致群体性事件顷刻升级和急速扩散。

海量数据是互联网的产物。寄居于网络空间，某一个体通过媒体平台表达诉求、疏解情绪，两个陌生人之间可以通过网络平台搭建关系。这些小规模、单体化的行为数据经常淹没在互联网的海量数据中，不易发现。同时，人们借用网络表达自我的非语言化倾向日益显著，使用表情包更为流行，"顶帖""点赞""打赏"等参与行为也较为普遍，故作沉默的压抑行为也时有发生。在群体性事件预警中，仅仅依靠语言文字来捕捉人们的情绪变化和行为动机是难以奏效的。倘若没有数据技术的支持，即使一些基于网络有规模、有组织的不同主体间的行为数据也不易得到监测和重视。在"互联网+专业领域"的背景下，互联网的隐秘性、分散性弱化了管理者对失常情绪和越轨行为的警觉。

传统的集体行动往往形成于某一临时性的组织，通过组织者的领袖作用在某些规则之下开展具体的集体维权行动。互联网以其拉近距离和情感动员的功能将更多来自五湖四海的眼光锁定在具体的群体性事件上，但是互联网的组织化能力尚显不足，更多的眼光锁定并没有转变为具体的组织化行动。而"有组织的表达活动更容易强化行动风险、责任及其坐实的认知与评估机制，这有助于集体行动的自我约束"，互联网平台上的意见表达和维权行动多为分散化、碎片化的低组织化行为，缺乏有能力的组织者，没有群体纪律和责任分配的约束，这样就弱化了人们的行动风险认知和预期判断，使人们采取暴力行为的倾向更为强烈。

按照传统研究，从群体性事件的事发缘由和集中领域出发，将群体性事件一般分为征地拆迁类、环境冲突类、医患纠纷类、劳资纠纷类、城市社区类、民族宗教类等。在大数据时代，互联网的介入让群体性事件出现新趋势和新动向，也使不同类别的群体性事件呈现出不同于以往的新特点，尤其对于便于使用互联网媒介进行维权的主体来说，互联网的工具属性引发环境冲突、医患纠纷、劳资纠纷等类型的冲突产生结构上的变化。同时，互联网对社会生活的渗透也催生了网络金融类、媒体媒介类、个人隐私类等一些新的群体性冲突类型（见表1）。"互联网+冲突"的新型社会形态为群体性事件预警提出了新要求、新挑战。[①]

表1　大数据时代群体性事件的焦点类型及其特点

	类型	领域/案例	特点	挑战
新类型	网络金融类	罗一笑事件 出租车罢运	依托网络工具开展 隐蔽性、专业性 公共资源的竞争与争夺	网络制度规范 专业知识的把握
	媒体媒介类	官微信息公开 微博骂战 明星爆料	以网络交互平台为场域，主导者为广大网民，一般规模较大，基于平等地位的强烈互动	网络规范 媒体引导 受众认知与判断
	个人隐私类	信息外流 人肉搜索	专业的网络搜索和关联技术 行动在法律的边缘	法律建设 信息安全
原类型	环境保护类	江西乐平抗议工业园污染 APEC蓝环保讨论	依托互联网进行决策参与 利用专业知识支撑抗争行为 利用专业知识检验决策正误	民众参与的秩序 专业知识的共享
	医患冲突类	魏则西事件 水滴筹 轻松筹	线下问题推至线上 寻求网络给予多方面支持	医疗资源分配 行业制度完备 网络资金管理
	劳动薪资类	李文星案 雇佣讨薪 下岗再就业	互联网工具的发挥 从个体走向群体 从讨薪走向形象攻击 无利益相关者参与	规范网络用户 区分利益主体 防止闹大式讨薪
	征地拆迁类	河北燕郊村民被砍 蒙城乐土暴力拆迁	挖掘网络使用者的力量 多管齐下、多方寻求 情感申诉等表演式抗争	合理利用网络工具 媒体报道的合法性

总体来看，"互联网介入群体性事件后发生了催化般的或激进化的

---

① 国家社科基金重大项目"突发事件语义案例库建设与临机决策模式研究"（项目编号：14ZDB153）、国家社科基金项目"快速城镇化背景下的群体性突发事件公共危机预警管理研究"（项目编号：13BGL134）、教育部人文社科研究规划基金项目"社会转型期群体性事件的预警与阻断机制研究"（项目编号：12YJA630141）的阶段性成果。（作者：温志强、郝雅立）

效果"，为了更有效、更及时地预警群体性事件，使其在发生破坏性冲击之前能够进行控制，需要依托大数据进行群体性事件预警。

1. 数据共享：分领域监测社会形势，精准预警

海量数据的规模性生产是大数据时代的基本特征，也是群体性事件预警的信息来源。依托大数据收集和处理技术，智能预警模式将会对全网数据展开捕捉，实现海量数据的量化分析，让数据来说话。全数据预警模式能有效避免传统模式中样本数据的时间滞后和样本误差，保证对群体性事件信息的及时把控，抓住有效的预警时机。采用全数据预警模式，将总体视为样本，需要对海量数据进行即时监测、及时筛选和实时共享。为此，要运用互联网技术对社会各个领域的实时信息进行监测，从宏观领域到微观层面，从整体态势到局部状态，从群体形势到事件个案，实现对互联网数据的全面把握。在海量数据群簇中，基于群体性事件预警的关键字、指标设计和统计算法对有价值的信息进行筛选，并及时在不同领域之间实现共享。不同领域的相关组织紧密追踪有可能促成群体性事件的热点信息，如主体人群、涉及地区、诉求意愿、目标指向、冲突性质、影响因素、情绪变化、围观人群、发展趋势、相互关联度等，绘制群体性事件的"风险地图"，尽快做出事态分析和走势研判。依托大数据支持，可以更为敏锐地发现事件苗头，及时采取事前控制措施，实现群体性事件的精准预警。

2. 经验共享：建设类别化的案例库，支持决策

依托互联网全数据对于群体性事件的信息筛选、精准预警和趋势研判意义重大。当这些数据指向具有群体性事件走势时，需要预警者及时采取有效措施以防控群体性事件发生。然而，什么是有效的预警措施，哪些措施是低成本且高效率的，这些可以汲取过往案例给予的经验。收集历史上群体性事件治理的案例，建立分领域、分类型、分级别的案例库，为知识向力量的转变、向实际效益的转变提供平台和渠道。将案例语义解读设置为数据化指标，再进行及时预警提供关键词检索，建立数据决策过程性模型和智能决策系统，以辅助事件个例的预警决策。一方面，利用案例数据的搜索指引，快速准确地找到相似案例及案例群，分析已发生群体性事件的预警措施和实施效果。另一方面，利用案例数据的经验分享，挖掘案例库资料搜集、数据分类与挖掘、案例管理和数据检索的功能。在设定关键条件和重要因子的基础上展开数据运算、模型演绎和仿真推理，以求得当前个案的最佳预警策略，有效避免人工决策中的主观经验论断，促进群体性事件预警的科学性。

3. 知识共享：发挥技术性、专业性知识对预警群体性事件的优势

一直以来，重视科技知识和信息技术来增强政府应急管理和应急决策是危机处理和应急管理的重要工具和手段。知识是基于客观调研和实践验证的系统化、科学化的理性认知。对于推进快速、高效的预警工作，这种理性认知拥有技术性、专业性的优势。又因其专业性和技术性，并不是每一个人都能拥有知识。在群体性事件预警活动中，让每一位参与其中的人员拥有基本的理论知识和行动技巧，知识共享倍显重要。而互联网的出现为这种知识共享提供了技术上的条件。第一，认知的客观化需要互联网信息的彼此验证。作为对社会事件客观事实的认知，互联网以其信息的多源流矫正着信息市场的偏颇，有助于人们形成客观的事实认知和判断，防止负向情绪催生群体性事件。第二，互联网为人们咨询与了解专业性知识提供了更多机会，这对于预防某些专业领域内因为认知的盲目性导致矛盾滋生、冲突激化、衍生破坏性的群体性事件大有裨益。第三，技术预警是大数据时代群体性事件预警的重要工具。基于互联网的信息收集技术、数据分析技术、趋势研判技术、情报追踪技术、案例搜索技术、决策辅助技术等是群体性事件预警的基本技术，技术学习与共享对于顺利预警群体性事件十分关键。

4. 制度共建：围绕群体性事件相关信息建立数据预警制度

依托大数据开展群体性事件预警需要良好的制度作保障。第一，建立完善的民众网络参与制度，促进网络表达的理性、规范。民众表达出的意愿和诉求是群体性事件技术预警的基础数据来源，表达出来的需求才能被发现、被关注，进而被实现。一方面，鼓励民众表达，减少沉默

压抑，"不在沉默中爆发，就在沉默中死亡"，民众的表达不仅使其被了解，增加了实现的可能，也有助于其宣泄情绪；另一方面，减少民众无理性的失范表达，失范表达影响了数据的真实性，增加了数据分析与形势研判的科学性，因此民众网络参与需要建立完备的制度。第二，数据搜集、分析和使用制度。涵盖实时数据、案例经验、知识技术的大数据共享的有序展开是群体性事件数据预警的前提，为此需要建立健全大数据共享制度。打破不同主体间的信息壁垒，实现数据协同；推进案例库建设，建立案例应用、辅助决策技术，学习、交流、分享群体性事件预警经验；普及群体性事件预警的基础常识，学习专业化的数据预警技术，培养数据预警技能，培养数据预警队伍。第三，以网络化的制度保证群体性事件预警决策的执行落地。基于数据运算、案例推演和知识辅助，使群体性事件预警决策的科学性有例可循。决策执行的好坏直接影响着预警决策的整体社会效果，预警不力，反而导致群体性事件规模扩大、烈度增加，影响政府的社会公信力和预警信心。

5. 环境共建：净化网络媒体生态，减少负面刺激、引导与示范

互联网为信息的流通和传播提供了很大便捷，而网络信息流通和传播中存在的噪声会对网络秩序的维护带来巨大干扰。这些噪声分为两类：一类是有预谋的网络谣言，另一类是无意识的刺激信息。这两类噪声最容易在风险集中区域产生，并借助互联网迅速繁殖和传播。群体性事件作为社会风险寄居、社会矛盾聚集的重要表现形式，以此为中心极易产生有意识或者无意识的干扰性信息，并在人们的自我保护心理之下迅速传播。这些信息对人们的事实判断、情绪反映和行动选择产生影响，引发群体性事件发生。加强互联网信息规约，净化网络媒体生态，减少网络谣言对社会民众的刺激，规避负面信息的不良引导和示范，搭建一个理性表达、中立判断、客观评析、正面引导的信任型网络空间环境。

总之，融合不同地域、不同领域、不同部门相对分割的数据资源，依托大数据支持，群体性事件预警需要在国家安全总体治理框架下，将

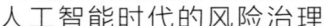

技术与管理相结合，数据与社会相融合，融社会管理于数据技术之中，用数据技术提高管理效率，在数据、经验与知识的共享和制度、环境的共建中推进群体性事件预警的智能决策，在多元协同的社会综合治理中实现群体性事件的精准预警、科学防范。

4.8 大数据在网络空间风险发现中的应用

习近平总书记在2017年12月8日中共中央政治局第二次集体学习时强调，运用大数据提升国家治理现代化水平，要加强互联网内容建设，建立网络综合治理体系，营造清朗的网络空间。

大数据技术从分析海量网络风险事件数据出发，对数据通过算法处理，探索事件和事件之间、数据和数据之间的内在关联性，从而实现对网络风险的预测，对网评的导控，对舆情引导提供决策建议，在舆情引导中发挥作用。

（一）基于文本语义分析的大数据舆情监测与发现

利用定向的搜索程序，对已经出现的网络舆情主动跟踪监测，进而根据文本语义情绪判别其走势并加以干预，这是网络舆情引导的传统做法，也是以往网络舆情管理的起始。而利用大数据技术可以对网络舆情中具有关联的数据进行挖掘并加以分析归纳，总结出网络舆情产生、发展的规律，在此基础上对网络舆情进行模型化处理，使预测成为可能。

1. 基于社交媒体主流舆论态度收集的大数据辅助网评导控

系统主体架构包含：基于大数据挖掘和精准搜索的舆情采集分析模块，基于云服务的分布式消息传递和存储模块，基于网络智能机器人的任务引导模块。

2. 大数据支持网络空间态势感知决策

网络信息是网络背后的网民所传达出来的内容的集合，因而对网络数据进行研究，实质上就是对由人所组成的社会网络进行研究。要实现机器提供网络舆情处置决策建议，离不开对网络舆情内部关联性的研究。在大数据时代，每条网络数据都被看作是一个节点，能够在舆情链上与其他关联数据不受限制地产生乘法效应，这种关联会以指数级的方式对内容进行扩散。因此，对于网络舆情内在关联性的研究可以使舆情分析更为准确。

现有的各类舆情监测系统是原始数据的媒体传播角度进行的数据统计呈现，没有历史数据相关联以资借鉴，也没有进行依托历史事件库各类维度的大数据比对分析以及智能推演指导处置功能。而利用大数据技术建立知识案例库比对系统将充分展现历史案例数据的智能比对，同时进行预测推演，以期达到简捷、直观、实用并有效指导相关部门对网络公共事件进行准确处置引导和应对的目的。该系统将有效提升原有舆情系统在数据收集以及分析研判能力不足等方面的问题，大大提升网络舆情分析、研判的处置水平，并有力增强网络空间综合治理能力。

3. 大数据知识案例库比对系统的实现

元数据采集

通过数据采集模块对数据进行采集，包括对境内新闻网页、视频、图片、中文报刊、贴吧、微博、微信公众号、新闻客户端及境外主流媒体、网站和社交平台等进行监测、数据采集，过滤无效数据。对于主流新闻客户端、微信公众号等，数据采集模块由爬虫服务器、爬虫任务调度服务器、爬虫监控服务器、爬虫日志服务器、数据去重服务器以及自然人行为服务器组成。数据采集是通过爬虫服务器集群协作完成的。数据采集面向互联网新闻、论坛、微博、微信等产生的海量数据进行采集，筛选出有用的数据信息。

数据挖掘技术

数据算法：对于大数据来说，如何进行大规模、有效的数据挖掘，一方面，需要大量的数据分析；另一方面就要能够快速、有效地数据处理。研发算法时，要充分考虑到数据处理的高效性以及计算成本。

数学建模：如何将分析得到的数据直观地用可视化的方式展现出来，这是大数据的另一个难题。大数据的数据规模较为庞大，无法使用

列表的形式将其展现出来，因此，需要用图形、图表的方式将这些数据展现出来。对于不同的数据所要展现的不同目的，都需要建立不同的数学可视化和展示模型。

数据分析比对：常用数据分析算法有以下几种。

聚类分析（Cluster Analysis）

聚类分析指将物理或抽象对象的集合分组成为由类似的对象组成的多个类的分析过程。聚类是将数据分类到不同的类或者簇这样的一个过程，所以同一个簇中的对象有很大的相似性，而不同簇间的对象有很大的相异性。聚类分析是一种探索性的分析，在分类的过程中，人们不必事先给出一个分类的标准，聚类分析能够从样本数据出发，自动进行分类。聚类分析所使用的方法不同，常常会得到不同的结论。不同研究者对于同一组数据进行聚类分析，所得到的聚类数未必一致。

因子分析（Factor Analysis）

因子分析是指研究从变量群中提取共性因子的统计技术。因子分析就是从大量的数据中寻找内在的联系，减少决策的困难。

因子分析的方法有10多种，如重心法、影像分析法、最大似然解、最小平方法、阿尔法抽因法、拉奥典型抽因法等。这些方法本质上大都属近似方法，是以相关系数矩阵为基础的，所不同的是相关系数矩阵对角线上的值，采用不同的共同性估值。在社会学研究中，因子分析常采用以主成分分析为基础的反覆法。

相关分析（Correlation Analysis）

相关分析是研究现象之间是否存在某种依存关系，并对具体有依存关系的现象探讨其相关方向以及相关程度。相关关系是一种非确定性的关系，例如，以x和y分别记一个人的身高和体重，或分别记每公顷施肥量与每公顷小麦产量，则x与y显然有关系，而又没有确切到可由其中的一个去精确地决定另一个的程度，这就是相关关系。

对应分析（Correspondence Analysis）

对应分析也称关联分析、R-Q型因子分析，通过分析由定性变量构成的交互汇总表来揭示变量间的联系。可以揭示同一变量的各个类别之间的差异，以及不同变量各个类别之间的对应关系。对应分析的基本思想是将一个联列表的行和列中各元素的比例结构以点的形式在较低维的空间中表示出来。

回归分析（Regressive Analysis）

研究一个随机变量y对另一个（x）或一组（$x1$，$x2$，…，xk）变量的相依关系的统计分析方法。回归分析是确定两种或两种以上变数间相互依赖的定量关系的一种统计分析方法。运用十分广泛，回归分析按照涉及的自变量的多少，可分为一元回归分析和多元回归分析；按照自变量和因变量之间的关系类型，可分为线性回归分析和非线性回归分析。

方差分析（ANOVA/Analysis of Variance）

方差分析又称"变异数分析"或"F检验"，是R.A.Fisher发明的，用于两个及两个以上样本均数差别的显著性检验。由于各种因素的影响，研究所得的数据呈现波动状。造成波动的原因可分成两类：一类是不可控的随机因素，另一类是研究中施加的对结果形成影响的可控因素。方差分析是从观测变量的方差入手，研究诸多控制变量中哪些变量是对观测变量有显著影响的变量。

利用以上六种分析技术，对采集到的数据进行详尽的分析、处理，从而能够为下一步的数据挖掘工作提供可靠的保证。

（二）基于历史事件知识库的即时比对决策支持实现

（1）在对信息平面以及时间轴上的各类公共事件数据监测的基础上，从时间、地点、人物、经过以及传播学特征进行自动建立标签体系和案例的知识库自动归类并建立索引。

（2）设置公共事件多维度相似度比较中心处理器。它是一个预置的案例库，库中的案例已经过结构化处理，是按使用场景的需要、事件分析的维度来设置。

（3）对当前网络中收集到的各类公共事件的各类元数据进行处理，包括对结构化和非结构化的数据进行结构化处理，使之与知识库中的数据具备相同的分析维度。

（4）在对单独事件进行的各类数据聚类算法处理的基础上，新的数据与库中的历史数据进行自动比对，并将比对结果输出给相关机构和管理部门。管理者通过这些特征以及相似度比对数据，就可以对目前正在发生发展的网络公共事件的未来以及发展趋势作出判断，从而有效应对，及时发布相关信息，干预事件的发展进程。

（5）对域内的微信、微博、移动端等数据进行实时全量采集清洗去重后入库，分析梳理，研判其中风险点，并提供实时的预警，同时制定预警响应级别及研究预警等级标准。

（三）从经验决策到数据决策

以大数据、人工智能、机器学习技术为核心建立的知识案例库系统的工作原理就是由"平面、化验单式舆情呈现"系统转向了"大数据立体知识案例库"智能系统，类似于医学上的"临床路径式比对"。通过深究网络舆情内在的关联性，实现网络舆情的预测，进而通过比对，提供对网络风险的最佳辅助决策建议。实现网络风险的经验决策到数据决策的转变。

进入移动互联网时代，网络空间风险产生的速度快，突发性强，传播力度空前，相应的数据体量巨大，演变动力机制复杂，其数学描述模式建立难度较大。在新的网络舆论生态环境下，我国的网络舆情风险管理遭遇前所未有的挑战，但大数据也为网络风险治理带来了新的机遇。

在新形势下，应积极树立大数据思维，数据决策理念，深入挖掘和合理利用大数据在网络舆情发现以及网络风险治理中的价值，创新网络空间治理思维，抓住网络风险的本质特征，探索网络风险演变的内在规律，尽快建立起适应新形势需要的网络空间风险治理决策机制及应用。

4.9　智慧商业及企业声誉风险治理

　　智慧商业这个概念于1951年在美国出现。经济学家把智慧商业概括为利用现代资讯技术收集、管理和分析结构化和非结构化的商务资料和资讯，创造、积累商务知识和见解，发送商务决策，支持决策者采取有效的商务行动，完善各种业务及商务流程，提升商务业绩和服务精细化程度，增加在自媒体时代品牌或网络口碑美誉度的塑造和维护、修复能力，通过大数据寻找与竞品的差距等，以增强综合商业竞争力的智慧和能力。

　　未来的商业一定是智慧型商业，是高度场景化的商业，围绕人与人的链接、物与物的链接。电商、智慧商圈、智慧支付、末端商业网点和城市共同配送平台信息链、线下体验和线上下单等技术手段日新月异，甚至有专家学者认为线上线下的边界在逐渐消失，实体店场内场外的消费者活动正在融为一体。

　　新型的智慧商业模式，不断推动着现代商业以及电子商务基础设施和支撑服务环境改善，对整合社会成本、集约生产规模起到了重要的作用。

　　智慧商业情报是利用互联网技术、云计算及大数据，提供企业社会形象塑造和维护、拓展客户、运营管理、市场营销、产品服务和内部财务工具等提升企业生存能力的重要保证。新技术的应用能够让传统企业可以根据自己的实际情况和优势，建立企业经营闭环和企业风险防范矩阵，从本质上塑造并培养企业的现代智慧商业基因。

　　智慧商业有以下五个特点：

　　（1）技术进步带来智慧商业发展空间无限。互联网与无线射频识别（RFID）、电子数据交换（EDI）、全球定位系统（GPS）、地球信息系统（GIS）、定位服务（LBS）、移动定位服务（MPS）、大数据、

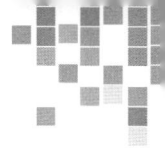

云计算等技术的结合，既推动传统企业的创新发展，也不断催生新的商业形态，商业行为日益变得信息化、智能化、透明化、可视化、高效化。手机支付、购物应用（APP）、近场通信技术（NFC）等已为人们所熟知并广泛应用。

（2）大数据是智慧商业的"神经"。全球知名咨询服务提供机构麦肯锡认为，数据已经渗透到当今每一个行业和业务职能领域，成为重要的生产要素，大数据是下一轮创新、竞争和生产力的前沿，海量电子数据的挖掘与运用将成为未来竞争和增长的基础；大数据帮助美国零售业净利润增长60%。移动互联时代，大数据与移动终端、云计算的结合，商家可以随时随地了解消费需求与习惯，孕育更多的商机和事业。

（3）智慧物流是智慧商业的基础底盘。很多物流系统采用最新的互联网、物联网技术和设施，实现光、机、电、信息等技术的集成应用，形成了智慧物流。如亚马逊公司测试用无人机送货、用机器人管理仓储，通过用户数据的分析来预测购买行为，在顾客尚未下单之前提前发出包裹，最大限度地缩短物流时间，通过分析消费习惯与货物流向情况，改变传统物流的运行模式和管理方式。

（4）移动支付是智慧商业的主要支付方式。移动支付，是指允许用户使用其移动终端（通常是手机移动端），对所消费的商品或服务进行账务支付的一种服务方式。移动支付将终端设备、互联网、应用提供商以及金融机构相融合，为用户提供金融服务。中国银行业协会发布的《2013年度中国银行业服务改进情况报告》显示，2013年中国移动支付业务共计16.74亿笔，同比增长212.86%。国际数据公司（IDC）的报告显示，2017年全球移动支付的金额将突破1万亿美元，今后几年全球移动支付业务将持续增长。

（5）O2O[①]将成为智慧商业的主要形态。O2O成为信息化条件下商业发展繁荣的新模式和大趋势。O2O诞生之初即成为各行业关注的焦

---

① O2O即Online To Office（在线离线/线上到线下），是指将线下的商务机会与互联网结合，让互联网成为线下交易的平台，这个概念最早来源于美国。

点，具体包括百货O2O、家电O2O、汽车O2O、酒类O2O、房地产O2O、社区商业O2O、家装O2O、餐饮O2O、家政O2O、媒体O2O等。定制化商业模式（C2B），也是O2O的一种形式。美国梅西百货、英国电商企业Argos及连锁超市TESCO、国美、苏宁易购等是线上线下渠道融合发展的典范。

智慧商业的三个核心分别是数据、算法和产品。

自媒体时代，商业和产品品牌的脆弱性已经显现，品牌所遭遇的各类风险和危机才刚刚开始。一夜之间，一个看似孤立的个案会带来极大的品牌认同风险，并有可能在非常短的时间内摧毁企业或品牌的公信力和多年打造的网络形象。这种前所未有的网络风险对企业或企业家个人来说，都是极其致命的。与此同时，自媒体的存在让二三线品牌有了巨大的成长机会，并有可能在短时间内成为行业的龙头，并取代一直处于头牌位置的企业和产品。

自媒体时代，企业正在遭遇社会环境的不确定性带来的各类巨大商业风险。当然，国际、国内宏观政策以及各类行业导致的政策性风险一直存在。面对这种境况，企业和企业家们需要清醒地认识到，如何把控来自社会以及内部各方面的风险并有效地规避和利用风险成为企业家们的重要工作选项，风险思维也是企业家必须具备的现代企业管理运营思维。

声誉风险是指由于机构行为、从业人员行为或外部事件等，导致利益相关方、社会公众、媒体等对机构形成负面评价，从而损害其品牌价值，不利于其正常经营，甚至影响社会稳定或市场稳定。

声誉事件是指引发机构声誉明显受损的相关行为或活动。

随着现代媒体的深度融合以及自媒体风起云涌，社交媒体无孔不入。面对现代传播变局，传统的企业口碑形象维护和危机应对已然无法满足企业声誉风险治理的需要。

企业家们必须学会用风险思维来重新构架公关路径，实现公关活动的主动性、针对性、应用性，正确认知舆情、认识风险、合理应对危

机，甚至通过主动策划、设置议题，转"危"为"机"，将风险事件成功转变为营销事件。

学会用风险思维和数据思维改造企业危机公关将为企业带来巨大的商业回报。

国内著名餐饮企业海底捞在处置相关舆情时以客户为中心的处置原则为海底捞赢得了广泛的赞誉，其处置方式获得了客户的高度认可，也提升了其品牌的影响。相比之下，百度在应对魏则西事件、鸿茅药酒在处置网络风险时的低能和粗暴表现严重损害了其自身的口碑形象，导致企业信誉大幅降低以及动摇了消费者的信心。正所谓，一招错招招错。

秉持为消费者提供最优质服务的初心，一切为客户着想，如此，才能在应对风险时立于主动位置，如此，方能打造百年老店。

近年来，越来越多的企业卷入公共舆论危机。在遭到公众的质疑和批评后，大多数企业都进行了危机公关。遗憾的是，由于这些企业在应对风险时的方法、策略不当，收效甚微，并且经常发现，越抹越黑。雀巢被爆出奶粉碘含量超标后，一味避重就轻坚持称自己的产品绝对安全，并以此为由拒绝消费者退货，从而引起公众广泛、激烈的批评，也极大地伤害了自己国际品牌的形象。著名经济学家宋清辉对法治周末记者评价："雀巢近段时间的表现令人遗憾，其所作所为根本不像一个大型跨国企业，反而更像一个三流的企业。""从1977年在美国爆发'抵制雀巢产品'运动，到现在的产品危机，说明雀巢在产品市场的应变能力、公关能力很差。"[1]而西安奔驰利之星4S店在处理一个女消费者维权投诉时的拙劣手法更是粗糙，引发中国舆论场的一致谴责，导致其企业品牌信誉大幅度下跌，为企业带来的损失巨大。尽管后来西安利之星在社会的巨大压力下花费巨资赔偿该用户并积极弥补其此前的错失，但仍然得不到公众的原谅。

品牌和消费者信心损失的修复工作可能需要更长的时间，也需要投

---

① 宋清辉：《负面事件频出，雀巢怎么了？》，搜狐新闻网站，https://www.sohu.com/a/213370936_112589。

入更多的形象修复成本。

企业危机公关和风险应对的策略流程。

企业如何进行舆论危机公关要视具体问题而定。企业的危机公关通常包括内部公关和外部公关。所谓外部公关，其主要对象包括媒体、政府、行业协会、消费者，以及经销商、供应商、银行等战略合作伙伴，如果是上市公司，还包括股民、基金经理、券商等；企业内部公关，则主要是针对公司内部的员工。具体如下：

1. 稳定军心，先从内部公关入手

事实上，企业机构遭遇舆论危机后，最关注事态发展的除了媒体和相关当事人，便是与公司命运关联的相关利益群体，包括上级主管部门、合作伙伴、消费者等。其中，企业内部员工亦更是关注危机动态。如果企业不适时对员工加以引导，就可能让风险带来更大的破坏。科学应对、合理应对是面对风险时的第一要务。

（1）成立危机公关小组。目前，相当多的企业都成立了专门的公关部门处置企业面临的各类风险和危机，针对危机事件快速做出反应。如果企业没有成立公关部或其他相应的组织，就要在危机发生后的第一时间成立危机公关小组。最好由副总裁以上级别的领导担任组长，对公司将要采取哪些公关措施、如何接待媒体的采访、谁来担任公司的新闻发言人等做出明确的规定。如果企业没有专业的公关人才，就要借助专业公关公司的力量，请他们策划如何开展工作。这样做的好处是，通过建立起顺畅的对外沟通渠道，争取处理事件的主动性，同时，以组织作为唯一权威的信息发布源头，确保对外发布的信息高度一致，避免让媒体找到借题发挥的把柄。

（2）稳定市场一线的队伍。大凡企业遭遇严重的舆论危机后，企业的干部尤其是市场营销一线的干部很容易被竞争对手"挖墙脚"。而对企业来说，如果一线员工临阵倒戈，必定招致灾难性后果。所以，通过会议或书面通知的形式，让大家了解公司目前所遇到的困难只是暂时的，而且是完全可以解决的，就显得非常重要。必要时，还要采取一些

"恩威并施"的措施，激励大家自觉与企业共渡难关。

做好管理层稳定工作，是保证企业拥有凝聚力和向心力的前提，甚至可能是决定企业能否平稳渡过危机的关键因素。

（3）安抚员工。分析近期一些企业的负面报道，其源头主要来自普通员工。这是因为与干部相比，普通员工关注的只是自己的切身利益，一旦受到公司冷遇或相关利益没有得到保证，就极可能对外包括对前来采访的记者，发泄不满情绪。因此，企业在进行内部公关时，要本着"再苦不能苦员工"的原则，对员工的薪酬、福利等一定要做到按时发放，包括在人文关怀和企业氛围营造上也要多下功夫，以稳定军心。

2. 积极与主管部门沟通，安抚合作伙伴

企业外部公关主要包括以下几个部分：一是积极认真地表态，包括企业领导在第一时间面对媒体和公众，承诺将承担自己应负的责任；二是公布处理危机事件的措施；三是公布事件处理的最终结果；四是公布危机事件的详细原因及当事人弥补、改进方案；五是集中发布更多正面信息，支持和提升利益相关群体对自己的信心。

企业在应对突发风险时快速反应和实事求是至关重要。企业要本着有错即改，无错加勉的态度处置风险，千万不要重复此前一些企业应对时的旧思维和老路子，因为这极有可能导致事态的进一步恶化。

（1）积极、坦诚地面对媒体。企业发生舆论危机，大多数会对媒体有一种本能的"抵触"心态，这种心态千万要不得。值得注意的是，一些企业出现舆论危机后，对媒体采取拒之门外的态度，最终为此付出了惨重的代价。

企业在对外发布信息时，要坚持诚实的原则。许多企业认为，做危机公关就是要对外讲有利于自己的假话、套话，这是极端错误的。有句话叫"纸包不住火"，如果企业发布的信息不实，终有被揭穿的一天，届时必定会付出更大、更沉重的代价。

（2）利用权威媒体、第三方声音化解危机。企业被公众质疑和批评，不要自己为自己辩解。企业可以邀请政府部门、行业协会、市场研究机构以及有关专家、学者等社会知名人士，就公众普遍关心的问题进行调查和判断，然后通过媒体发布正面信息，让公众了解事情的真相，从而达到消除负面舆论的目的。

（3）稳定合作伙伴的信心。针对关系企业命运的经销商、供应商、投资人、股东等开展有针对性的工作。对于企业的重点经销商、供应商、投资人等战略合作伙伴，企业高层应该及时出面邀请他们就相关网络风险进行座谈，认真听取意见，并对风险处置的办法策略进行及时调整，以重新获得信任。

（4）恢复市场信心。重点选择主流媒体发布企业积极整改的措施，并对产品或服务环节出现的问题进行快速整改。

企业进行舆论危机公关的目的是恢复相关机构和公众对企业的信心，通过采取符合大众期望的措施，化被动为主动，化不利为有利，从而达到顺利渡过危机、将经营风险降到最低的目的。

建立实时的网络口碑风险监测、预警及处置体系已经成为现代企业的必备工作内容。

在企业风险管理应用中，大数据风控平台与网络风险态势感知平台经常处于企业战略的核心地位。对金融、银行、保险、证券、品牌企业等组织来说，建立大数据业务风险控制系统是保证其业务良性、高效运行的重要支撑和保证平台。

所谓大数据风控，狭义上讲，即大数据风险控制，是指通过运用大数据构建模型的方法对借款人进行风险控制和风险提示。与原有人为对借款企业或借款人进行经验式风控不同，通过采集大量借款人或借款企业的各项指标进行数据建模的大数据风控更为科学有效。大数据风控最早被用在金融、银行、证券等部门的业务风险控制，借贷违约控制，不良资产发现，商业欺诈和网络诈骗等有关犯罪行为的风险线索发现，是大数据技术用于行业风险治理的重要应用场景之一。

4.10　智慧城市

　　智慧城市（Smart City）起源于传媒领域，是指利用各种信息技术或创新概念，将城市的系统和服务打通、集成，以提升资源运用的效率，优化城市管理和服务，以及改善市民生活质量。智慧城市是把新一代信息技术充分运用在城市中各行各业基于知识社会下一代创新（创新2.0）的城市信息化高级形态，实现信息化、工业化与城镇化深度融合，有助于缓解"大城市病"，提高政府的城市治理能力，全面掌握城市发展态势，防范各类社会风险，提高城镇化发展质量，实现精细化和动态管理，并提升城市管理成效和改善民众生活质量。

　　智慧城市概念源于2008年IBM公司提出的智慧地球的理念，是数字城市与物联网相结合的产物，被认为是信息时代城市发展的方向，文明发展的趋势，其实质是运用现代信息技术推动城市运行系统的互联、高效和智能，从而为城市人创造更加美好的生活，使城市发展更加和谐、更具活力。建设智慧城市在实现城市可持续发展、引领信息技术应用、提升城市综合竞争力、提升城市治理水平和城市风险防控等方面也具有非常重要的意义。

　　全球信息技术呈加速发展趋势，信息技术在国民经济中的地位日益突出，信息资源也日益成为重要的生产要素。智慧城市正是在充分整合、挖掘、利用信息技术与信息资源的基础上，汇聚人类的智慧，赋予物以智能，从而实现对城市各领域的精确化管理，实现对城市资源的集约化利用。由于信息资源在当今社会发展中的重要作用，发达国家纷纷出台智慧城市建设规划，以促进信息技术的快速发展，从而达到抢占新一轮信息技术产业制高点的目的。为避免在新一轮信息技术产业竞争中陷于被动，中国政府审时度势，及时提出了发展智慧城市的战略布局，以期更好地把握新一轮信息技术变革所带来的巨大机遇，进而促进中国经济社会又好又快地发展。

战略性新兴产业的发展往往伴随着重大技术的突破，对经济社会全局和长远发展具有重大的引领带动作用，是引导未来经济社会发展的重要力量。当前，世界各国对战略性新兴产业的发展普遍予以高度重视，中国在"十二五"规划中也明确将战略性新兴产业作为发展重点。一方面，智慧城市的建设将极大地带动包括物联网、云计算、三网融合、下一代互联网以及新一代信息技术在内的战略性新兴产业的发展；另一方面，智慧城市的建设对医疗、交通、物流、金融、通信、教育、能源、环保等领域的发展也具有明显的带动作用，对中国扩大内需、调整结构、转变经济发展方式的促进作用同样显而易见。因此，建设智慧城市对中国综合竞争力的全面提高具有重要的战略意义。

2010年，IBM正式提出了"智慧城市"愿景，希望为世界和中国的城市发展贡献自己的力量。IBM认为，城市由关系到城市主要功能的不同类型的网络、基础设施和环境六个核心系统组成：组织（人）、业务／政务、交通、通信、水和能源。这些系统不是零散的，而是以一种协作的方式相互衔接，而城市本身，则是由这些系统所组成的综合复杂系统。

智慧城市通过物联网基础设施、云计算基础设施、地理空间基础设施等新一代信息技术以及自媒体等工具和方法的应用，实现全面透彻的感知、预警、泛在的互联、智能融合应用以及以用户创新、开放创新、大众创新、协同创新为特征的可持续城市发展创新。伴随着社会化媒体的发展与移动技术的融合发展和创新发展进程，现代数字社会环境下的智慧城市是继数字城市之后城市信息化发展的更新形态。

智慧城市作为信息技术的深度拓展和集成应用，是新一代信息技术孕育突破的重要方向之一，是全球战略新兴产业发展的重要组成部分。开展"智慧城市"技术和标准试点，是科技部和国家标准委为促进中国智慧城市建设健康有序发展，推动中国自主创新成果在智慧城市中推广应用共同开展的一项示范性工作，旨在形成中国具有自主知识产权的智慧城市技术与标准体系和解决方案，为中国智慧城市建设提供科技支撑。

4.11　智慧政务

智慧政务的核心是"互联网+政务服务"以及"数据+政务服务"。

李克强总理在2016年政府工作报告中提出"互联网+政务服务"的概念。报告说，要大力推进"互联网+政务服务"，实现部门间数据共享，让居民和企业少跑腿、好办事、不添堵。简除烦苛，禁察非法，使人民群众有更平等的机会和更大的创造空间。2016年9月25日，经李克强总理签批，国务院印发《关于加快推进"互联网+政务服务"工作的指导意见》。2017年1月12日，《国务院办公厅关于印发"互联网+政务服务"技术体系建设指南的通知》印发，通过加强顶层设计，对各地区各部门网上政务服务平台建设进行规范，优化政务服务流程，推动构建统一、规范、多级联动的全国一体化"互联网+政务服务"技术和服务体系。

"互联网+政务服务"是政府利用互联网思维、技术和资源实现融合创新的过程，除了通过"连接"提升运作效率、服务能力，更重要的是通过"化学反应"和"基因再造"，重构流程，重塑公共及政务服务，实现政府服务体系的"升级和重塑"。政府通过互联网提供综合型的政务服务平台，整合部门分设的办事窗口和审批服务系统为政府综合服务窗口和网上统一申办受理平台，打破部门界限、政务藩篱和信息孤岛，真正实现让信息多跑路，让群众少跑腿。

"互联网+政务服务"，促进部门间信息共享，是深化简政放权、放管结合、优化服务改革的重要内容。为进一步推动部门间政务服务相互衔接，协同联动，打破信息孤岛，变"群众跑腿"为"信息跑路"，变"群众来回跑"为"部门协同办"，变被动服务为主动服务，实现"一号一窗一网"目标，促使服务流程显著优化，服务模式更加多元，服务渠道更为畅通，群众办事满意度显著提升。"互联网+政务服务"平台是充分利用基于新一代互联网技术，通过集聚政府资源，建设统一开放共享的政务服务平台，将涉及政府对公民、法人、社会团体提供的政务服务事项进行整合重构，对政府传统的管理理念、职能结构和运行方法进行整合再造，进一步优化调整政府内部的组织架构、运作程序和管理服务手段，提升政府的综合管理效率和服务水平。

"数据+政务服务"是数据渠道，以政府决策、治理协同和公共服务为核心，充分利用大数据技术，对政府内部和外部各类数据进行收集、分析和利用，是国家治理体系的重要组成部分，是"互联网+政务服务"的升级和补充。"数据+政务服务"的目的是提升政府的社会态势感知能力，增强城市政府的治理能力和公共服务能力，为城市治理群策群治、联防联动提供业务支撑，并为政府重大风险防范与化解提供数据决策支持。

4.12　大数据与网络反恐

　　进入数字时代，网络成为恐怖分子作案的主战场和活动空间，人工获取反恐情报已经难以应对恐怖组织的作案模式。借助网络的隐蔽性、便利性等特点，恐怖分子可以进行资金收集、思想动员、人员招募、蛊惑煽动极端思想，构成自己的力量体系。大量的涉暴涉恐情报信息淹没在网络世界，在虚拟身份的掩盖下更加容易滋生与发展恐怖活动犯罪。在大数据时代，通过技术手段获取、研判和分析反恐情报信息，将大数据分析技术作为反恐利器，已经成为必然之选。

　　网络反恐，即在网络空间展开防范危害国家安全的各类治理和阻止、打击恐怖主义破坏的方式和方法。它分为三个层面：第一，充分利用互联网以及大数据技术，及时发现暴力恐怖分子的相关宣传、人员招募、资金筹措、召集、暴恐培训等信息，并利用大数据分析技术，掌握暴恐分子的各类行为，有效预测暴恐分子的各类计划、行踪等，并对暴恐分子进行精确打击和防范，减少暴恐分子对社会的危害。第二，充分利用各类手段，严密防范各类网络恐怖分子对互联网物理的、内容的危害，确保互联网的生态环境安全，同时，防范其可能对工业控制系统的危害，这些工业系统包括电力、水利、核电设施、军用通信网络（含卫星通信）以及民用通信网络等重点系统的安全。它包括相关设施的物理安全、设施安全。第三，充分利用各类媒体，确保互联网上国家舆论生态的安全，为社会发展提供有利的内部和外部舆论环境，拓展良好的外部舆论生态环境，塑造良好的内部社会舆论环境，凝聚人心，让民众安居乐业、团结一心，确保社会发展目标的顺利实现。

　　近年来，国际恐怖主义及其破坏活动成为影响世界安全与稳定的一个突出因素，被人们比作"21世纪的政治瘟疫"和"21世纪的幽灵"。

当代恐怖主义的特点表现为：一是恐怖主义的恐怖活动日趋政治化，经常以分裂国家和达到极端民族主义要求为目的；二是恐怖活动主要有秘密和公开两种形式，但具体方式日益多样化，包括爆炸、暗杀、绑架、劫持飞机或人质、施毒、危害计算机系统和各类重要基础信息系统安全以及公开打砸抢烧杀等；三是恐怖活动呈现跨国化趋势，恐怖主义往往具有复杂的国际背景，其活动范围涉及多个国家；四是恐怖组织日趋严密化，当今的恐怖活动大多是有组织、有计划的行为，甚至拥有较大规模的非法武装；五是恐怖工具和手段日趋先进；六是恐怖活动危害日益严重化。

大数据作为信息综合分析的重要工具和态势感知的核心技术能力，再次成为反恐利器。值得注意的是，2014年3月1日发生的昆明暴恐事件，通过对火车站内视频监控系统的数据分析，对案件告破起到重要作用。目前国际上利用大数据技术进行反恐已成趋势，而国内信息采集、分析的逐步完善，也将提升大数据的反恐能力。

国际上已成功应用大数据技术进行反恐。美国已将声纹信息管理系统应用到军事、情报、国家安全等重要部门。通过综合利用恐怖分子平时产生的各种信息，包括通话、交通、电子邮件、聊天记录、视频等，对恐怖行为发生进行预警和事后分析排查。基于大数据技术的信息安全智能化，已得到广泛应用。2013年发生在美国波士顿的马拉松恐怖袭击事件，政府部门借助于大数据分析，极大地提高了破案效率。

美国政府较早就利用大数据进行反恐。据了解，美国政府NATGRID[①]部门对来自情报和执法机构等21个不同来源的大量数据进行分析，清晰勾勒出犯罪嫌疑人的行踪和面貌。Infosys公司副总裁兼印度业务负责人Raghu Cavale曾表示："针对一些已经发生的欺诈，总会有些线索，或者人们期望会有些蛛丝马迹用于分辨一些欺诈行为，对此需要判断使用什么算法和数据编码。"这在经济数据领域已经存在了。

---

① NATGRID，National Intelligence Grid，美国国家情报网。

"大数据技术可跟踪一个人的数字指纹，从而使执法机关更容易追踪犯罪嫌疑人，让政府部门可以更深入分析事件。"

利用大数据态势感知技术进行反恐已成趋势。"9·11"事件之后，美国政府在反思中发现，多个安全部门之间协调不到位、不能及时分享情报资源，是其虽然掌握了诸多线索却没能预防恐怖事件发生的重要原因之一。通过建立"棱镜"等大数据平台，运用大数据技术和分析手段，美国的国家安全部门能够以更高效率完成对多种来源数据的分析，并揭示出不同行为间的互动关系，进而能够运用分析算法预测危险分子的行动趋势。这为安全部门预防恐怖主义等威胁国家利益的行为提供了前所未有的可能。"棱镜"计划曝光后，美国政府部门再三强调其存在的合理性。Palantir在洛杉矶警局通过技术与业务的深入交流与合作，采用Palantir的Gotham平台，构建了一个洛杉矶警局的语义知识搜索挖掘平台，用于日常的警方业务工作中。该平台全面整合警情日志文档、电子表格数据、数据库等结构化数据和电子邮件、文档、图片、录像等非结构化数据，对各类多源异构、繁杂的信息进行清洗梳理，总结提炼为八个关键的信息实体：人、车、位置、罪案、逮捕、文件、备注与其他。实体本身还有不同的属性，不同个体之间还存在着相应的知识关联。Palantir公共安全大数据语义知识搜索平台建立以后，警方就可以通过非常简洁的前端搜索页面，来搜索指定的各类实体与线索。通过Palantir平台，可以快速将各类庞杂的数据通过可视化平台的形式汇聚到一起，最终发现该疑犯的综合立体化视图，其中包括：使用的手机，入境记录，逮捕时开的车，逮捕的案子，同时涉嫌一起盗窃案和已有的两次审讯记录。点击任何一个节点，右边会展示其详细的属性与其他实体的关联关系。例如，点击该车，可以展示出该车的所有历史被抓拍的照片与数据。办案人员同时可以根据关联连接一层一层往下挖，并且人机互动，补充各种筛选条件，将模糊的破案线索逐步求精，最后极大地提高破案准确性与效率。综合大数据的前沿技术进展，可以综合研判出大数据反恐平台背后的三大关键技术：知识图谱、大数据人机可视化交互、非结构化精准搜索与数据的海量挖掘与收集。

在搜索"9·11"事件的犯罪嫌疑人中间，美国公共安全部门采用了图数据的分析方法和社会网络关联分析模型。重点对涉嫌"9·11"事件的人员的社会关系、经济往来、出入境记录、社交网络痕迹、电话通信录、诊疗记录等信息进行综合分析，并通过图数据对相关人员的关联关系进行了立体的展示，通过可视化的应用，得以让公共安全部门快速发现事件的核心人员和重要成员，迅速锁定犯罪嫌疑人。各类线索零散分布的条件下，利用图数据的强大处理能力，得以在不确定性的条件下，通过算法实现这些零散数据之间的潜在关联关系，并提供各类算法之外的数据关联关系印证，极大地提高了犯罪嫌疑人或事件密谋的证据量。图数据库技术比传统的构建在需要预先建立数据关联关系和数据建模的前提下的大数据分析更有针对性地对数据关系进行呈现。图数据算法在分析各类弱链接关系例如反恐情报分析的环境下，能够更有效地进行假设、印证、再假设、再印证的循环计算，其效率比传统的大数据分析方法更快速也更直接，并能清晰地还原数据之间的逻辑关系。故此，图数据在反恐以及相关暴恐案件侦破当中发挥了重要的作用。同时，利用大数据可视化、知识图谱、地图GIS系统等手段，开放了大量方便的人机交互接口，实现了人与机器的融合，也实现了人与人之间的协同工作，大大提升了情报分析人员掌控数据和发现风险的能力。

另一方面，对全媒体尤其是图形、视频以及其他虚拟视频产品内容的识别也是大数据应用的重要场景。借助全媒体大数据内容分析技术，能够快速锁定隐藏在网络海量信息当中的涉恐涉暴信息，并利用大数据分析技术，快速锁定目标人员。这一技术有赖于对图形和视频内容的特征提取和识别，并对重点人群的各类信息进行全方位的比对和识别。为此，基于互联网全态势感知，精准提取文本、图片、视频等全媒体内容，并进行精准的语义和情感分析，提供动态监测及防范应对策略的应用已经成为美国情报部门的反恐利器。该技术的主要特点在于具有互联网全内容舆情管控预警。此类技术包括，具有全媒体内容检索分析云平

台、云搜索、互联网关键词监测、网络情绪文本语义分析、情绪研判、社交账号动态及关联关系分析、其他即时通信工具平台内容监测、暗网数据挖掘分析、协议分析、数据分析、情报分析、内网信息采集、虚拟人口库、信息阻断、舆论导控、信息推送、网络攻击态势感知等。另外还包括对各类情报视频源特征帧内容识别及图形库的内容定向分析技术。在洛杉矶马拉松爆炸案以及后续的几次暴恐事件的侦破中，美国公共安全部门均采用了此类技术。

图片、视频监测相关技术通过运用图像视频特征提取、图片文字检测识别、视频字幕识别、场景识别、人脸识别等相关技术，解决人机之间语义鸿沟问题以及文字和图片、视频之间的模态鸿沟问题，实现面向图片、视频内容的搜索、关注、预警、监测、热点发现和配置管理等业务应用，并为实现跨模态信息监测和业务流跨部门协同应用提供了接口。

面对恐怖主义活动，世界很多国家除采用强硬手段严厉打击外，还注重综合运用社会、经济等手段，以彻底清除恐怖主义容易滋生蔓延的社会土壤。在反恐斗争中，应当注重从社会、经济和文化根源上应对恐怖主义。首先应通过法治手段减少腐败、促进社会公平正义与社会发展，保障社会各阶层、各族群的平等政治参与。其次使用经济、教育等手段提升社会弱势群体、社会底层人口素质，提高其参与经济活动的能力，增强其造血功能，为人民实现安居乐业提供条件，缩减社会各阶层差距，减少社会矛盾激化的可能，以更开放的文化交流促进不同族群之间的和睦交往。实事求是改进民族政策、媒体宣传策略，妥善处理好民族、宗教关系。坚决反对非法宗教势力和民族分裂主义的传播，在尊重多元文化和多种发展模式的基础上，实现全方位的社会融合。

恐怖主义已成为当前全球面临的最严峻和急迫的安全风险挑战，任何一个国家都不可能独善其身。在经济全球化和新的国际关系格局下，反恐不仅要靠军事实力和战争手段（像阿富汗战争），更要靠世界各国的密切配合（像上海合作组织），反恐是政治、经济、文化、宗教的集合因素，是一个长期而又艰巨的过程。

第五章　中国风险治理和应急管理

应急管理是应对于特重大风险事故灾害的危险问题提出的。应急管理是指政府及其他公共机构在突发事件的事前预防、事发应对、事中处置和善后恢复过程中，通过建立必要的应对机制，采取一系列必要措施，应用科学、技术、规划与管理等手段，保障公众生命、健康和财产安全；促进社会和谐健康发展的有关活动。危险包括人的危险、物的危险和责任危险三大类。首先，人的危险可分为生命危险和健康危险；物的危险指威胁财产安全的火灾、雷电、台风、洪水等事故灾难；责任危险是产生于法律上的损害赔偿责任，一般又称为第三者责任险。其中，危险是由意外事故、意外事故发生的可能性及蕴藏意外事故发生可能性的危险状态构成。

事故应急管理的内涵包括预防、准备、响应和恢复四个阶段。尽管在实际情况中，这些阶段往往是重叠的，但它们中的每一部分都有自己单独的目标，并且成为下个阶段内容的一部分。

风险治理和应急管理是跨行业的综合协同管理，不能把所有部门、行业或涉及危机应急的部门、行业都纳入应急管理部门。应将应急管理主管部门打造成专为各行业发生的全民性突发事件而准备的全功能专业应急预防、预测、预警、协调、储备的专业部门。

"居安思危，预防为主"是应急管理的指导方针。国家突发公共事件总体应急预案提出了六项工作原则：以人为本，减少危害；居安思危，预防为主；统一领导，分级负责；依法规范，加强管理；快速反应，协同应对；依靠科技，提高素质。

美国、日本、澳大利亚和加拿大等国，都已经建立起一套有针对性的应急管理体系和具体做法，形成了特色鲜明的应急体制与机制。其中，日本作为一个地震灾害频繁的国家，在地震应急方面比较成熟，其理论和具体做法值得我们借鉴。

美国是而今世界上应急管理体系建设最完备的国家之一，不断完善的体制、机制和法制建设使其应对突发事件的能力越来越强。日本地处欧亚板块、菲律宾板块、太平洋板块交接处，处于太平洋环火山带，台

风、地震、海啸、暴雨等各种灾害极为常见，是世界易遭自然灾害破坏的国家之一。在长期与灾难的对抗中，日本形成了一套较为完善的综合性防灾减灾对策机制。澳大利亚位于南半球的大洋洲，地广人稀，人口主要集中在悉尼这样的中心城市和沿海地区。在过去的几十年里，由于周围都是无边无际的大海，澳大利亚在战略上一直是一个处于低威胁的国家，其突发事件主要是自然灾害这一类，如洪水、暴雨、热带风暴、森林大火等，相应的应急管理也带有自己的鲜明特色。加拿大大部分地区属于寒带，冬季时间长，40%的陆地为冰封冻土地区，蒙特利尔冬季的温度可至零下30摄氏度，主要的自然灾害是冬季的暴风雪。所以，加拿大的应急管理是"以雪为令"。

5.1　中国应急管理制度现状

中华人民共和国应急管理部是国务院组成部门，系于2018年3月根据第十三届全国人民代表大会第一次会议批准的国务院机构改革方案设立。应急管理部的主要职责是组织编制国家应急总体预案和规划，指导各地区各部门应对突发事件工作，推动应急预案体系建设和预案演练；建立灾情报告系统并统一发布灾情，统筹应急力量建设和物资储备并在救灾时统一调度，组织灾害救助体系建设，指导安全生产类、自然灾害类应急救援，承担国家应对特别重大灾害指挥部工作；指导火灾、水旱灾害、地质灾害等防治；负责安全生产综合监督管理和工矿商贸行业安全生产监督管理等。公安消防部队、武警森林部队转制后，与安全生产等应急救援队伍一并作为综合性常备应急骨干力量，由应急管理部管理，实行专门管理和政策保障，采取符合其自身特点的职务职级序列和管理办法，提高职业荣誉感，保持有生力量和战斗力。应急管理部要处理好防灾和救灾的关系，明确与相关部门和地方各自职责分工，建立协调配合机制。

随着应急管理部的成立，中国建立了初步的防灾和救灾应急响应体系等一系列的应急管理规章制度。

中国的应急管理制度是与社会主义初级阶段的基本国情相适应的。尽管我国在应急响应、社会动员和恢复重建等方面已经建立起了有效的制度，但也应清醒地认识到，我国社会发展所处的历史阶段，决定了应急管理制度建设的水平仍处于起步阶段。

5.2　中国应急管理法律制度的现状

《中华人民共和国突发事件应对法》的颁布实施，标志着我国政府应急管理制度建设基本实现了规范化、法制化。在自然灾害、安全生产、公共卫生和社会安全等领域形成了较为完善的制度体系。

在应对自然灾害方面，以《水法》《防洪法》《森林法》《草原法》《地矿法》为骨干形成了制度体系。在水土矿藏资源管理方面建立了规划、开发利用、工程的保护、资源配置和节约使用、纠纷处理与执法监督检查、法律责任等制度。

在此基础上国务院还制定了配套的条例使这些制度更加具体，易于执行。例如《防汛条例》规定，实行各级人民政府行政首长负责制；实行统一指挥，分级分部门负责；各有关部门实行防汛岗位责任制，并对防汛组织、防汛准备、防汛与抢险、善后工作、防汛经费、奖励与处罚作了详尽规定。此外，还有《水库大坝安全管理条例》《蓄滞洪区运用补偿暂行办法》《防沙治沙法》《人工影响天气管理条例》《军队参加抢险救灾条例》。

在应对地震灾害方面，国家制定了《防震减灾法》，规定了地震监测预报、地震灾害预防、地震应急、震后救灾与重建、法律责任等制度。配套的《破坏性地震应急条例》进一步明确了应急机构、应急预案、临震应急、震后应急、奖励和处罚等制度。因严重破坏性地震应急的需要，可以在灾区实行特别管制措施。

在应对事故灾难方面，随着国家经济的高速发展，生产安全事故也呈多发态势，给人民生命和财产带来极大威胁，也严重影响了经济社会的健康发展。为此国务院制定了《生产安全事故报告和调查处理条例》，对于生产经营活动中发生的造成人身伤亡或者直接经济损失的生产安全事故的分级、报告、调查处理、法律责任等方面作了规定。同时还制定了《放射性同位素与射线装置安全和防护条例》，在环境污染事故、核设施事故、国防科研生产事故的报告和调查处理方面也分别作了规定。在火灾预防方面，国家制定了《消防法》，规范了消防组织、灭火救援、监督检查、法律责任等。此外还有《建筑法》，国务院《矿山安全法实施条例》《关于预防煤矿生产安全事故的特别规定》《煤矿安全监察条例》等。特别是在《国务院关于特大安全事故行政责任追究》中，规定地方人民政府主要领导人和政府有关部门正职负责人对特大安全事故的防范、发生有失职、渎职情形或者负有领导责任的，给予行政处分并依法追究刑事责任。此外还有国务院《建设工程质量管理条例》《工伤保险条例》《劳动保障监察条例》《建设工程安全生产管理条例》等。

在应对公共卫生事件方面，国家制定了《传染病防治法》，明确国家对传染病防治实行预防为主、防治结合、分类管理、依靠科学、依靠群众的方针，建立健全传染病防治的疾病预防控制、医疗救治和监督管理体系。国务院制定了《重大动物疫情应急条例》，规定重大动物疫情，按照属地管理的原则，实行政府统一领导、部门分工负责，逐级建立责任制，并具体确定了应急准备、监测、报告和公布、应急处理、法律责任等制度。此外，国务院还制定了《传染病防治法实施办法》和《突发公共卫生事件应急条例》等法规文件。

在食品安全方面，国家制定了《食品安全法》，规定了食品安全风险监测和评估、食品安全标准、食品生产经营、食品检验、食品进出口、食品安全事故处置、监督管理、法律责任等制度。此外，还有《动物防疫法》《国境卫生检疫法》《进出境动植物检疫法》，国务院的《植物检疫条例》《国境卫生检疫法实施细则》等法规文件。

在应对社会安全事件方面，国家制定了《集会游行示威法》，规范了在露天公共场所或者公共道路上以集会、游行、静坐等方式，表达要求、抗议或者支持、声援等共同意愿的活动。此外，还有《民族区域自

治法》《人民警察法》《监狱法》《中国人民银行法》《商业银行法》《治安处罚法》《刑法》，国务院的《信访条例》《企业劳动争议处理条例》《行政区域边界争议处理条例》《营业性演出管理条例》等法规文件。

　　这些法律法规确定的应急管理基本制度与中央政府部门制定的应急管理规章，省、自治区、直辖市及较大的市制定的有关政府应急管理的法规规章共同构成国家应急管理制度体系。

5.3 中国应急管理制度的短板和不足

（一）中国应急管理制度的特点

在长期的应急管理实践中，我国逐步形成了由国务院统一领导，分部门按类别处置各类突发公共事件的应急管理制度。这些形成体系的制度有以下特点：

1. 统一领导、分工负责

我国应急管理的最高机构是国务院，由国务院领导，并授权国家应急管理部，负责落实各类突发事件的预防和处置工作。国务院办公厅设应急管理办公室，履行值守应急、信息汇总和综合协调职责，统一指挥和协调各部门、各地区的应急处置工作。

2. 分级管理、条块结合

按照突发事件的规模和范围实行分级管理。而对由地方为主处置的突发事件，国务院各部门应给予指导、协调和帮助，实行条块结合管理。

3. 部门应急形成体系

国务院承担直接处置突发事件职责的部门，均设有相应的应急指挥机构、信息通信系统、防灾设施装备、应急救援队伍，建立了监测预报体系、组织指挥体系和救援救助体系。

（二）中国应急管理工作中的不足

在突发事件应对处置实践中，各级政府充分发挥了组织职能，应急

管理水平迅速提高，但同时也存在一些不足。具体表现为：

1. 职能分工不够清晰

首先是条块应急管理职权划分不够清晰，职责分工不够明确，造成在实践操作中常常出现部门间协调困难、行动衔接配合不到位等问题；其次是地方属地化管理的责任和授权不足，在应急实施中难于运行。

2. 综合性风险评估机制薄弱

以部门为基础的监测体系和风险评估较为有力，但因综合性的风险评估和趋势预测有所不足，缺乏科学的风险评估指标，也未形成风险评估指标体系。

3. 政府及部门信息沟通机制运转不畅

目前我国还存在应急信息报告的标准、程序、时限和责任不明确、不规范等问题，信息系统之间相互分割，缺乏互连互通和信息资源的共享，综合性信息分析和综合性信息平台建设有待加强。

4. 社会参与制度化程度不高

我国对全社会的应急教育、培训、演练、救灾善款的募捐和社会志愿者参与应急救援等均无系统法律，缺乏设计具体措施和要求，不利于实际操作。

5.4 应急管理态势感知及协同平台体系建设

随着社会的不断发展与进步，社会矛盾呈复杂化、多元化的趋势发展，当前我国公共安全形势严峻复杂，社会公共安全事件、群体性事件、工程安全事故、突发自然灾害以及社会保障问题频繁发生。快速发展的现代化进程使得各种风险并存，公共安全形势面临着前所未有的挑战。随着经济和互联网的快速发展，我国的应急管理也在不断发展中。全球生态环境的恶性发展使得社会大众对灾害更加敏感，随着社会经济的发展，人们不得不考虑如何才能减少由此带来的负面效应。在对灾害的防控过程中，各种技术也在不断发展，包括信息技术、通信技术、物流及生产技术都使灾害控制上升到了一个新的阶段。建立应急管理大数据信息化监测预警平台是大势所趋。

同时，国家应急管理部也提出要牵头规划建设全国应急管理大数据应用平台，且其已被纳入发展规划中。应急管理的发展不是一蹴而就的，在其发展过程中也面临着巨大的风险和挑战。加强应急基础信息管理，整合各方资源，推进信息共享共用，对强化灾害事故风险和隐患监管，提升安全生产和综合防灾减灾救灾水平，推动形成统一指挥、专常兼备、反应灵敏、上下联动、平战结合的中国特色应急管理体制，有效保障人民群众生命财产安全和社会稳定具有重要作用。

第一，有利于提升应急智能预测预警水平，最大程度预防和减少灾害事故造成的人员伤亡和财产损失。第二，强化应急指挥辅助决策，有力保障应急指挥决策的科学高效，支撑构建科学完备的监管体系，努力实现对灾害事故风险和隐患的全领域、全方位、全过程管控。第三，有利于及时掌握灾害事故线索和可能造成人员伤亡、重大财产损失的苗头性、趋势性、敏感性信息，确保及时发现灾害事故并

迅速开展处置，第一时间报送灾害事故信息，切实提升应急信息协同及相关信息的收集能力。

针对我国应急管理大数据信息化监测预警平台的建设及相关方面进行研究，针对应急管理的不同突发事件及灾害事件的类型研究，除了要对我国整体的应急管理大数据信息化监测预警平台进行研究外，还要从各地区、各有关部门、各行业企业应急管理大数据信息化监测预警平台建设的相关方面进行研究。从应急管理涉及的不同的范围来讲，宏观上从构建一体化全覆盖的全国应急管理大数据应用平台建设入手，建设主要包括自然灾害风险综合感知与预警平台建设工程、生产安全实时监测预警监管平台建设工程、应急管理全媒体矩阵建设工程等。

第一，构建一体化全覆盖的全国应急管理大数据应用平台，这部分主要从宏观角度进行研究。依托国家数据共享交换平台体系，充分利用大数据、云计算、物联网等技术，实现重大风险和隐患在线监测、超前预警预报和灾害事故高效处置。各地区、各有关部门、各行业企业要在加强自身信息化建设、健全完善相关系统的基础上，将本地区、本部门掌握的安全生产、自然灾害防治领域的风险和隐患信息以及灾害事故信息逐步接入。

第二，风险态势感知与预警平台建设工程主要针对各类风险灾害综合感知与预警体系建设。自然灾害具有不确定性、突发性、灾难性等特征，而对自然灾害进行风险综合感知，利用大数据对相关的数据及特征进行分析，就能够对该类事件提前预警，能够最大限度地减少自然灾害带来的破坏及二次灾害。同样，各类社会风险也具有极强的不确定性，此类风险的情报搜集和信息处理以及预警和决策支持能力建设同样至关重要。

第三，生产安全实时监测预警监管平台建设工程，该部分主要针对生产安全实时监测预警监管进行建设。近年来，各类安全生产事故频发，给人民带来巨大的人身及财产安全威胁，建立生产安全实时监测预警有利于提高生产安全类事件的安全性，有效降低风险的发生概率。

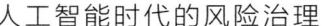

　　第四，应急管理全媒体矩阵建设工程。针对全媒体时代下的政府话语权引导、全媒体参与应急以及全媒体矩阵的形成等方面进行建设。对接入全国应急管理大数据应用平台的信息，按照预警级别、紧急程度、发展态势和可能造成的危害程度发布，及时利用全媒体矩阵发布传播应急基础信息，实现风险治理全媒体矩阵的能力最大化。

5.5　应急管理态势感知系统技术实现

一个典型的应急态势感知包括以下几个部分：

第一，基础设施层。整个系统的底层是信息系统的基础设施，这包括网络及通信设施、主机服务器及存储系统、视频会议系统、可视化大屏调度系统，以及大数据环境、操作系统环境、数据库管理系统及网络通信基础设施等，这些是系统最基本的运行基础。

第二，数据中心。数据是整个系统的基础，基础数据经过采集、处理、标准化、传输、存储，形成系统资源库，为系统提供了高效的业务分析、决策、交换、共享的数据环境。主要包括以下数据库：模型数据库、知识数据库、方法数据库、预案数据库、人口基础数据库、灾情数据库、地理信息空间数据库、基础字典数据库、资源数据库。初步实现应急指挥系统基础架构和数据整合，并在GIS平台上整合部门安全生产及应急业务信息接口。

第三，资源整合。应急指挥需要多部门、多系统联动配合，如果彼此孤立，不能实现信息共享，就会形成"信息孤岛"，造成缺乏可比数据、缺乏分析、缺乏管理。难以获得全面的业务信息，就会影响业务和决策的效率和准确性。通过提供应用整合服务、业务整合服务、数据整合服务连接相关职能部门的系统、业务、数据，最大限度地解决信息孤岛问题，最大限度地利用现有的数据资源。

第四，应用支撑层。应用支撑层的设计直接影响系统的稳定性、安全性及可靠性等重要因素，我们凭借多年的软件开发经验，采用低耦合、高内聚的设计思想，基于开放的标准在该层部署应用部件，为系统高效、可靠的运行提供保障。包括：决策支持系统、业务支持系统、GIS引擎、工作流引擎、全文检索、消息中间件、信息推送、内容管理、用户管理、权限管理、通用数据接口。

第五，应用层。系统根据突发事件应急的特点，综合各种数据信息及处理软件，提供辅助会商决策系统、数据收集与管理系统、信息处理与分析系统、资源管理系统、信息发布系统等应用系统，并可根据需要，快速地扩展业务系统。应急指挥平台资源和应用建设上可完成在GIS平台上完善与相关安全生产及应急业务信息接口，并预留与其他部门应急指挥系统信息应用整合的接口。

系统特点及特性要求：

第一，充分利用云计算、大数据架构服务层的SaaS（Software as a Service）软件即服务、PaaS（Platform as a Service）平台即服务、IaaS（Infrastructure as a Service）基础设施即服务，实现虚拟化技术，以实现对不断增长的数据和各部门应用支撑服务进行模拟，以降低共同的硬件的投入，以及软件的费用，来实现廉价的方案。

第二，通过将现有系统云化，建立基于云计算的应急指挥平台系统也是"资源共享""统一指挥"的进一步提升。

第三，通过云计算和虚拟化框架搭建平台。在这种模式下，应急平台可以自动地管理和动态地分配、部署、配置、重新配置以及回收资源，也可以自动安装软件和应用，从而实现快速高效、动态优化的应用、开发平台等计算资源分配，在某个项目结束后，应急平台可自动回收资源，充分发挥平台计算能力。

第四，利用大数据和云计算的特性，平台的数据中心可以集中分散的计算资源，为各种应用提供动态使用的计算平台，为未来的业务扩展提供保障，减少重复建设和无效建设，有效降低政府公共财政投入成本。

5.6　风险治理态势感知传统实现方法

　　网络舆情，即网络空间所承载的社会情绪的集合，是来自网络的风险。"舆情"本是社会学的概念，现在广泛应用在网络及传播学的概念当中，指在一定的社会空间内，围绕中介性社会事件的发生、发展和变化，作为网络主体的社会民众对作为客体的社会管理者、企业、个人及其他各类组织及其政治、社会、道德等方面的取向产生和持有的社会态度，是较多人关于社会中各种现象、问题所表达的信念、态度、意见和情绪等表现的总和。从当下的舆情研究，特别是智库对舆情的研究看，很多人已不是在严格意义上讲舆情本身，不是对民意规律的发现，而是侧重在对民意之于执政者及其政治破坏性的研究。

　　风险决策算法是对风险因素准确、完整、实时的捕捉和分析，是一系列解决矛盾和问题的清晰指令集。在社会治理中，这些决策算法表现为系统揭示解决问题的原理、机理、策略和机制。在风险决策的态势感知进程中，其主要归结为找到并用好"算法技能"。不掌握这种风险决策算法模型，意味着丧失了"算法权和决策权"。在国家经济社会对于风险预警算法的依赖不断加深的背景下，算法不但是人工智能的基础性技术之一，也表征为一定的数字权力，在对风险研判、公众意见感知、社会治理需求回应、公共政策议程设定、政府部门及官员绩效评估等方面都有着明显的公共权力的属性。

　　应急管理科学化程度高低取决于算法的水平高低，同一突发事件可用不同算法处置，而某个算法的质量优劣将影响到算法乃至程序的效率。在借助人工智能进行应急管理时，其决策是否正确、迅速，救援能不能有序、高效，关键就在能不能选择合适的算法和随时改进算法。对于应急管理能力的评估，实质就是算法技能的评估。提升应急管理算法

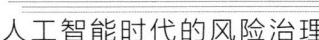

能力，需要还原安全的本义，强化算法的意识，创新智能的方式，而这些都有赖于深入研究突发事件的机理以及应急管理的机制，排除附加在应急管理中的过度要求，提供适度公平和合理可行的公共安全服务。

5.7 网络舆情风险治理的认知困境

社会管理实践孕育了应急管理理论。2003年中国遭遇了突如其来的一次"非典"疫情，政府应急管理的研究提上议事日程。由于开辟了新的研究领域，因此以非常态管理为范式的应急管理得以确立，与传统的公共行政、公共管理、灾害管理及自然科学相关的学科剥离，独立出来，"自立门户"，成为广义公共管理学科中的一员。应急管理理论找到了新的研究对象，引入了新的研究方法，实现了研究视域和方法论的创新，拓宽了政府管理、社会管理、国家行政管理研究的内容。但是，随着社会发展、管理转型、信息革命，人们身处其中的主客观世界发生了极为深刻的变化，社会呈现出高速度、高精度、高复杂性等现象，导致国家行政决策的难度巨大——常态管理与非常态管理的边界在哪里？先前的常态与现今的危机之间只有一念之差，于是，便在决策领域开始"泛应急化"，有时候还冠以源头治理、预管理等名义，增加了应急管理的"领地"，出现了滥用应急、过度应急的现象。舆情应对中有时就会出现这类过度应用应急管理的现象。应当承认，现代舆情不是传统意义上"舆论的情况"的简称。在一些地方实际应对舆情的工作中，存在着将舆情概念贬义化的趋势，使得舆情成为风险、灾难、危机的代名词，把"舆情应对"当作应急管理的一个分支。这种对舆论场中任何风波，包括民众对国家政治的看法、意见和态度，对社会问题的看法、意见和态度，对任何与执政者发布的政策、决策不同的声音都定性为不满表达、否定性态度、负能量的认知态度，使得一些有价值的信息难以得到释放，群众中的"事前诸葛亮"被封杀，这也成为不少地方领导同志"谈舆色变"的原因。如果按照这样的理解，那么多数"舆情"都需要进入应急管理的研究领域。

　　"现实社会中的多数事态从普通的风险发展为危机的可能性是存在的，那是不是对所有的风险都要运用应急管理的手段呢？显然是不对的。这样做，在实践中对政府舆情管理的公信力是一个摧残，管理者的执行力也难以提高。"①

　　在政府了解民情民意方面，舆情管理具有重要意义，这使管理者能够从管理中及时得到有用的信息资源，能够从群众中汲取智慧力量，服务于决策和执行。当前出现的网络舆情放大效应，从一个侧面表明我国改革开放以来不断扩大社会主义民主，并取得了积极的成果。加强舆情管理同样是为了推动当代政治建设、发扬民主的重要形式和渠道。如果把这方面的功能与应急管理加以混淆，这无异于堵塞了言路，切断了一条新的政策咨询渠道。同时，舆情对于决策的作用具有辅助性特点，要防止决策者被舆情"绑架"。

　　舆情管理是化解风险和处置危机的防范性工具。针对舆情的应急管理与通常的应急管理有着本质的区别，在体制结构、运行机理、处置方式等环节所借助的资源和手段都有特殊的规律。重大舆情应急管理主要通过技术监测与预警、内容分析与评估、政治传播与终止、法治保护与惩治等管理措施，赢得时空上的优势和话语权的掌握。由于人类进入风险社会，以及中国尚未完成经济社会大转型这一大背景，对舆情实施应急性的系统治理、主动治理、动态治理是必要的，但这样做不是将应急管理作为舆情管理的终点，而恰恰相反，是将其作为起点，依托突发事件中聚集民意的政治场景，将应急管理转化为社会风险治理和公共危机治理，使之融合为国家治理的有机组成部分，成为风险战略管理的重要工作之一。

　　通过分析国家治理与应急管理的关系，可以更为清晰地看到应急管理制度的优劣，进而运用法治的力量推动制度优势向管理效能转化。通过分析公共管理、行政管理与应急管理的关系，可以明确公共安全的定

---

① 高小平：《中国应急管理制度创新的方向、路径及其保障》，《广州大学学报（社会科学版）》，2020年第2期，第16—24页。

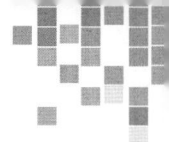

位，有效开发和储备应急管理工具，解决应急管理中的技术难题。

　　"分析社会舆情与应急管理的关系，有助于矫正某些过度反应的认识误区，从宏大的马克思主义真理、民族复兴愿景、以人民为中心的工作理念源头，形成舆情管理的破竹之势，这就是新时代应急管理应当重视的'法、术、势'。"①

————————

① 高小平：《中国应急管理制度创新的方向、路径及其保障》，《广州大学学报（社会科学版）》，2020年第2期，第16—24页。

5.8 传统网络舆情监测体系的短板

基于传播学数据分析的网络舆情分析工具已经进入到亟须提升其产品内核改善其运作基因的时段。在过去，传统网络舆情体系的建立多基于对数据的抓取和对数据的呈现技术实现而出现，在很大程度上，这种系统缺乏对风险治理以及应急治理思维的有机嵌入和与危机应对思想的融合。以传播学数据特征和软件工程师用技术思维开发的网络舆情监测体系已经远远不能应对来自各类风险的挑战。

风险演化为危机的概率是一个十分复杂的社会学和系统学问题。这里做一个抽象性的假设："风险-危机"之间具有函数关系，可以用数学方法计算风险演化为危机的概率。可用"贝叶斯法" 和"海因里希法"估算其概率。"贝叶斯法"又称条件概率法，是描述两个条件概率之间关系的方法，即从一件事的概率推导另一件事的概率。数学模型为：后验概率＝（似然度 ×先验概率）/标准化常量。

传统舆情面临从对事件"过去式"的解构到对正处于"将来时"的事件的预演和分析，面临从"开化验单"到出"处方"开药的转变。

传统舆情系统以及基于传播学数据特征分析而做出的网络风险决策的单一性和局限性主要表现在以下几个方面：

（1）社会风险和网络风险的复杂性，决定了单一风险源或基于单一事件数据的维度分析并不能体现风险的综合性和交叉性特征。事实上，许多风险之间是存在关联关系，并相互推动，相互作用。

（2）社会风险矩阵的形成是一个模糊和混沌的发酵过程，其中的显性风险因子与隐性风险因子经过复杂的互相作用而导致或推动某一个风险的出现，从某种意义上说，对风险预警是一个不断学习和提升算法优化预测结论的互动过程。

（3）风险传播中的外缘因子和内部因子的扰动性和不确定性最终导致风险的预测具有不可知性。

（4）无法满足风险治理专家的经验及数据化特征对机器单一事件处理流程的参与和对预警的重要支持，也不能有效发挥或借鉴专家和风险处置的成功经验。换句话说，专家经验无法在传统舆情管理体系当中表现，亦无法与现有的舆情系统体系进行某种有机的融合。

（5）对风险未来趋势的量化和特征分析依然存在算法能力支持和深度神经网络算法的支持。尽管目前的舆情管理体系已经在某些分析场景下使用了机器学习，但远远不够。

（6）模拟人类思维决策过程的复杂网络算法还非常不成熟，仍有待大力提升。

（7）对重大风险事件或重大决策的前置风险评估和研判依然缺乏系统的支持。前置风险预警及研判已经成为社会风险治理的重要思想，这个流程已经为相关法律规章制度所规范。

（8）缺乏对风险情报的认知思维，以及基于风险的外部动力机制考量，导致对风险的研判支持能力严重欠缺。

舆情思维弱化并制约了全社会对风险的认知能力和感知能力，在这种传统分析方法和应对思维的禁锢下，社会只注重眼前的困境，而对来自未来的更大更多的风险或危机视而不见。

5.9　突发性网络风险事件治理的必要性和紧迫性

　　新媒体时代的到来，每一个个体、组织都成为信息的发布者和传播者，QQ、微信、微博、知乎等网络社交软件和平台的兴起加快了信息传播的速度、拓宽了信息的传播渠道、扩大了信息的传播范围，极易产生蝴蝶效应。网络中的肆意报道和传播严重影响网民认知和判断，引发公众和政府之间的矛盾，从而损害政府形象和破坏社会稳定的虚假新闻、恶意谣言、煽动性言论，暂可称为负面舆论。近年来受到广泛关注的突发事件中，"后真相"越来越深地介入社会热点事件，多次呈现出真相坍塌、情绪主导的状况。随着社会主义民主政治的发展，公民的权利意识不断觉醒，而社会转型的时代背景下矛盾又不断加深。因此，突发事件的出现会引起社会公众的广泛讨论，在当今复杂的网络舆论环境下，碎片化信息、谣言和非理性言论极其容易引发民众的负面情绪，损害政府公信力，激化公众与政府之间的矛盾，甚至成为社会危机的导火索。因此，如何对新媒体时代下突发事件的负面网络舆论进行治理，是政府必须探讨的一个重要议题。

　　新媒体环境下，信息传播和社会舆论生态都发生了巨大的变化，高速传播的信息和自由开放的舆论空间给政府治理带来严峻的挑战。先进的信息技术可能对突发事件起到"推波助澜"的作用，使得突发事件愈演愈烈。面对"流言蜚语"，一旦权威信息源失去力量，民众又没有足够的信息辨别能力，就极易接受社交平台散播的情绪和偏见，形成与事实相去甚远的判断，把毫无根据的主观臆断当成事实，最后情绪主导下的"真相"成为多数网民的共识，舆论很有可能被带偏，甚至与政府发布的权威信息成为对立面，严重影响政府的形象和公信力，因此要正确应对网络负面舆情，努力破解舆论治理困境，营造一个健康、稳定、和

谐、安全的网络舆论生态环境。

（一）当下社会负面舆情的特点

1. 突发事件频发，"灰犀牛"风险不断加大

近年来，我国各类突发风险事件频发，无论是自然灾害，还是安全事故，抑或是民生问题中的"黑天鹅事件"，任何一种突发事件的爆发都给人民群众的生命财产造成了极大的损害。突发事件每次出现都引发社会心理的剧烈反应，政府危机决策和舆论治理一旦不能得到民众的正确解读，群众的负面情绪就会爆发。长时间下负面情绪的叠加和积聚将会加深民众的不安全感和对政府的负面认知，最后一件小事都有可能引发社会危机。其实，许多危机事件在爆发之前已有迹象显现，"灰犀牛"已经朝我们狂奔而来，却总是被我们忽视。当下我们处于社会转型发展的关键时期和社会矛盾的凸显期，负面舆论极易演变为舆论危机，甚至引发社会危机，因此"灰犀牛"风险不断加大。

2. 公民关注度越来越高，易被利益团体操纵煽动

随着我国社会主义民主政治、社会经济和互联网技术的发展，人民更加充分地运用知情权、表达权等权利，因此突发事件的发生必然伴随着舆论热潮的出现。同时，新媒体时代的到来，信息从传播速度、传播渠道、传播范围都有了时代性的发展，公民对突发事件的动态和发展也更为关注，对信息的需求量不断增加。但是，一些新闻媒体和其他利益团体在利益驱动下，散播极具煽动能力的谣言、虚假新闻和碎片化信息，煽动、利用和操纵民众。在事件发生的紧急处置时间和关键节点，制造谣言、包装事实就会引起民众的负面情绪，舆论也就更加容易被操纵。被操纵的网络舆论被负面情绪笼罩着，尽管自己的判断依据都来自一些碎片化的信息，民众仍然相信自己的判断是正确的，而不愿去相信政府发布的权威信息，甚至与政府处于对立状态，造成的负面效应越来越明显。

3. 情绪对抗和群体割裂湮灭真相，危害社会公共安全

后真相时代的到来，突发事件的舆情状况总是事实坍塌，情绪主导。民众对待热点舆情的态度并不是理智寻找事实，而是在碎片化的信息中寻找观点认同和情感安慰。一旦政府危机决策被误解，情绪对抗则会更加激烈。

当下热点事件网络舆论场的一个明显特点就是"立场决定态度，态度决定事实"。种族、行业、观念、信仰等因素逐步将社会分裂成不同的利益诉求团体，他们都拥有鲜明的立场和观点。同时，官民舆论场分野也在加速进行，官方发布的权威信息往往被自媒体等民间言论摧毁，民间舆论场对于主流声音多持质疑态度。网络中各种声音合流，民众的情绪将更加极端，留给理性思考的空间不断缩小，权威媒体和政府部门的声音难以获得关注。民众负面情绪长期得不到缓解，就会引发民众对政府的敌对心理，加深社会矛盾，不利于社会的和谐稳定，对社会安全造成极大威胁。

4. 政府陷入"塔西佗陷阱"，公信力下降，社会治理成本高企

负面舆情事件的爆发如果不及时有效解决，负面影响将不断扩大。在焦虑、抵触等心理作用下，民众对权威信息和主流声音失去了信任，政府部门将在"塔西佗陷阱"中越陷越深。负面舆情长时间不能得到解决，社会价值观和社会信用体系都会有所偏离，政府在民众的形象和公信力也可能一落千丈，当政府形象和公信力受到损耗后，政府后续政策将难以推进，社会治理成本亦将会急剧上升。

（二）政府应对突发事件负面舆情的治理困境

随着网络信息技术的迅猛发展，网络舆情的传播源越来越多，也越来越难受控制。根据中国互联网中国信息中心统计报告，截至2018年12月，我国的网民数量突破了8.29亿，形成了一个庞大的网络舆论场，突发事件负面舆论一旦出现，会被论坛、微博、微信等现代传播媒体交

叉、叠加式地疯狂转发，喷井而出，传播速度和范围是传统的传播媒体难以比拟的，容易造成"蝴蝶效应"。经济社会的快速发展，民众的参与、表达、监督等各种权利意识不断加强，对关乎国家和自身利益事件的关注度也越来越高，新华网发布的《2017年度社会热点事件网络舆情报告》显示，医疗卫生、人身安全、官民关系、教育公平、交通管理、社会保障、环境保护等事关生活质量和发展前景的热点话题，更能吸引网民的关注。突发事件的发生很可能就是问题的暴露，负面舆情的爆发很可能会使突发事件演变为社会危机。虽然政府采取了许多方式来应对负面舆情，但是传统理念、方式、主体和制度体系保障下的治理效率却不高，多多少少存在一些问题，因此政府需要从传统的管理模式的圈子中跳出来，对原有的舆论治理模式加以补充、完善和创新。

1. 政府对负面舆论的影响认识不够充分，缺乏风险防范意识

网络舆论场的营造，打破了人们交流和沟通的时间和空间界限，带来了新的发展机遇，同时也引发了新的风险。后真相时代的到来，公众对新闻的需求偏好从事实偏好转向了价值偏好。马克·吐温曾说道："当真理还在穿鞋的时候，谎言已经走遍半个世界。"在众声喧哗的网络时代，事实经过包装和篡改，早已偏离新闻报道的核心和初衷，增加了舆论危机乃至社会危机爆发的可能性。但是，一些政府部门和官员对于突发事件负面舆论的认识往往不够深刻，没有认识到负面舆论将会引发的社会危机，对负面舆论引发的风险防范意识不足，不重视突发性公共事件中负面舆论发挥的重要影响。领导干部缺乏网络舆情引导与疏导能力，凭借经验办事，缺少法治思维，面对负面舆论，既不愿意自己去处理，也不愿意培养专业的公关团队或专业人员，负面舆论从预警监测、干预控制、信息疏通等各个阶段的工作都没有清晰明确的分工，针对负面舆论引发的风险应对能力较弱。

2. 网络监管不到位，危机治理水平短板明显

新媒体时代的到来，为民众营造了一个自由、开放、宽松的舆论环境，同时也造成了网络负面舆论的无尺度、无底线、无依据。"门槛低、获益高、责任小"的新闻生产和传播演化出了网络舆论的乱象。政府对网络的监管不到位，缺少制度规范和明显的法律界限，对网络上一些不负责任的负面舆论起到了"助长"作用，虚假、攻击、煽动、暴力性言论得不到约束、肆意散播。突发事件的社会关注度本就较高，公众的同情心理、认同心理、从众心理瞬间爆发，舆论场内的负面观点带有明显的情绪性、偏见性、煽动性，运动式的、粗浅的政府网络监管不能及时制止这些不实、不法的言论出现，容易引起民众的负面情绪甚至引发舆论危机。

网络媒体的快速发展，使得政府对突发事件的应急管理更加透明地呈现于公众面前。突发事件涉及的部门往往比较多，部门间沟通、协调困难。我国突发事件应急管理缺少完善的部门协调机制，危机管理没有清晰的指挥链。关键时间内，政策的制定缺少理性进行的科学论证和风险预判，没有安全稳妥的行动方案。遇到突发事件采取错误的应对处置方式，可能带来更大的安全隐患，危害救援人员和人民群众的生命财产安全，因此容易引起网络的负面舆论狂潮，不及时进行政策调整和情绪疏导，很可能引发舆情危机事件。

3. 政府网络善治理念相对较弱，治理思维落后

随着我国社会主义民主政治的不断发展，民众的权利意识更加清晰，但是有些地方政府仍然采取强制性的管理方式，强调政府权威，网络治理过程中缺少法治思维和善治理念。突发事件的发生，政府应该做出正确的决策并及时安抚民众。但在负面舆情发生后，面对各类负面信息、言论和部分谣言，尤其对于谣言和极端言论，某些相关政府部门的回应方式往往是不主动发声、避重就轻，甚至是信息封堵，缺少及时发声回应关切等方式的人文关怀，法治理念和服务意识相对比较薄弱。

4. 网络舆论治理主体单一，缺少民众参与

在新媒体时代下，民众可以自由地表达观点，但这也有可能导致大量负面流言、谣言、虚假信息满天飞，如果不及时治理，很有可能引发社会危机。当今的网络舆论治理不仅仅涉及法治，而且还涉及人治，团

结各界力量，凝聚人心已是负面舆论治理过程中一个不可或缺的关键因素。负面舆情治理过程中需要政府、企业、社会、个人多方参与，协同治理，但是目前，我国网络舆论的治理在传统"管制思维"的影响下，依然是以政府管理为主，社会参与不足。

5. 缺少完善的治理体制机制和法律体系

地方政府针对网络舆论治理呈现出一种典型的模式就是"多头治理"，缺少独立、常设的机构来应对突发事件引发的负面舆论，无论是前期舆情监测的技术运用、中期回复引导能力的提升，还是后期舆情处置问责机制的建设，都还有较大的发展空间。传统的机制体制导致信息混乱、处理不及时、权力重复运用，公众对政府失去信任，最终造成治理效率低下。同时，网络空间不是法外之地，民众应为个人发表的言论承担法律责任，但是我国缺乏完善的法律法规体系约束民众的网络行为，无法避免恶意的谣言、流言和虚假新闻。

（三）政府应对突发事件负面舆情困境的路径拓展

网络作为承载大量信息的舆论场，治理工作量大，难度高。政府传统的网络管理方式已经不能应对突发事件负面舆论带来的影响。所以，政府应该顺应时代的发展，改变传统的思维模式，树立正确的治理理念，建立健全治理机制体系，从制度、机制、技术、方法等各个方面来实现对突发事件负面舆论高效的协同治理，消除网络负面舆情的不利影响，营造一个积极、健康的网络生态环境。

1. 正确理解后真相时代下的负面舆论，防范潜在风险

后真相时代的到来，新闻丧失了其真实性，其对社会凝聚力和价值观的冲击需要我们去深思。《三国志》中提道："明者防祸于未萌，智者图患于将来。"政府部门要正确感知危机，对于危机和潜在风险，要做提前预判，制定预案，做到防患于未然。全面理解"后真相时代"，对于公众的心态和网络技术的变革都要有清醒的认知，互联网技术的发

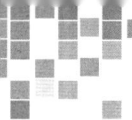

展必然会给政府的治理带来越来越多的挑战，这几乎是不可逆转的。突发事件相关政策也要根据事态发展适时做出快速调整，避免风险发展成为隐患和危机。

2. 成立专门的应急管理部门，提高政府危机管理水平

控制局面、防止危机只是突发事件应急管理的工作之一。对于突发事件发生的原因以及后续的发展，民间舆论场和官方舆论场有着很大的区别，民众的关注点与权威部门的主流媒体的关注点存在较大偏差。对于突发后续的发展和政府应急处置的方式稍有偏差就可能会引发舆论狂潮。因此，必须要成立专门的应急管理部门，提升政府的危机管理水平。为避免"一管就死、一放就乱"的治理困境，应当建立系统性的管理机制。加强中央与地方、不同职能部门之间的协调与沟通，各部门各司其职、各尽其责。针对舆情治理，建立专门的舆情治理机构，一方面大力发展舆情监控和处理技术，自动筛选带有"造谣""煽动"等消极言论的IP地址，过滤掉不法、不实、不良的信息源，处置相关网络平台，实现对网络负面舆情的实时监管；一方面不断推动建立健全机构体系，从纵向和横向实现各方的协调与沟通，从而提高机构治理负面舆情的速度和效率。

3. 树立网络善治理念，由"管制"向"服务"转变

中国特色社会主义进入新时代，我国社会主要矛盾已经转化为人民日益增长的美好生活需要和不平衡不充分的发展之间的矛盾。因此，政府要建立让人民满意的服务型政府。网络治理不仅涉及法治，而且还涉及人治。首先，随着公民参与、表达、监督等各项权利意识的增强，信息技术的不断革新，各种媒体的融合发展，应对突发事件舆情的方法不应再是"管制"，而应该是"服务"。避免采取突发、强制、管制的方式应对网络舆情，而应该采取长期、引导、服务的方式来治理网络舆情。政府应该转被动为主动，以人民为中心，建立一个公平公正、公开透明、廉洁高效的政府服务网络平台，打破政府与公众之间的信息壁垒，避免传统舆情治理当中的消极应对、视而不见、暴力删帖、信息封

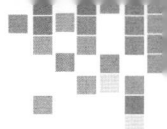

堵，运用各种现代智能化、信息化手段保证舆论信息的公开透明和政府与公众在舆论环境内关系的平等和谐，从而提高负面舆情治理的效率。党和政府必须加大投入，增加权威部门和主流媒体的话语权，以社会主义核心价值观为导向，做好价值宣传、思想引领和舆论引导，提升公众的网络素质，努力营造健康、稳定、和谐的网络舆论生态环境。

4. 增强社会参与，多元主体协同治理

新媒体时代的到来，网络舆情无论是传播速度、传播渠道还是传播范围，都有了很大的提升，负面舆论一旦出现更像是洪水猛兽，短时间内难以控制。面对各种社会热点事件和问题，政府理应"开门"主动接受各方监督、听各方意见，创设更多渠道宣传和鼓励积极、理性的声音。只有"开门"，政府才能接触了解社会；只有"开门"，社会才能监督政府。政府要积极主动参与民意的形成过程，获得尽可能多的理解与支持，同时让更多民众能够参与到社会治理中来，一方面提高政务信息的公开与透明度，减少信息的不对称性，消除民众对政府不必要的误解，更重要的是通过社会的参与，弥补政府监督缺位、资源缺失、制度漏洞、技术不足等各种缺陷，通过吸引各种社会力量实现资源整合与功能互补，通过实现协同治理的方式来提高网络负面舆论的治理效率。

5. 建立完善的网络舆论治理机制和法律法规体系

网络负面舆情的治理离不开高效的治理机制。通过建立完善的网络舆情监控预警机制、新闻发布机制、舆情处置问责机制来提升网络负面舆情的治理水平。首先，监控预警机制的主要工作是监测、分析、研判、评估、预警，建立完整的监控机制可以科学地预测和分析舆情的相关情况，为应对负面舆情做好充分的准备，避免负面舆情喷发式的发展。其次，新闻发布机制主要是健全政府面对突发事件主动回应、增加沟通的机制，权威部门和主流媒体以新的理念和方式站在公众的角度，全面、客观、真实、公正地阐述事件发展的过程与发展动态，树立政府形象，提升政府公信力，缩短民众与政府之间的距离，融洽双方的感情，增加沟通的效果。最后，建立健全舆情处置问责机制，一方面通过

对政府部门及其工作人员进行考核问责，可以避免工作人员对舆情治理的不尽职、不尽责，通过相应的奖励与惩罚机制，明确责任，激发潜力；另一方面，通过问责可以找到处理问题过程中的问题和优势，为以后的舆情治理积累经验。

党的十八届四中全会通过的《中共中央关于全面推进依法治国若干重大问题的决定》明确指出："加强互联网领域立法，完善网络信息服务、网络安全保护、网络社会管理等方面的法律法规，依法规范网络行为。"因此，首先要树立法治意识和理念，政府要依法治理，民众也要依法发表言论。其次，要建立健全相关法律法规。明确各类主体在网络舆论空间内的权利与义务，使网络舆论治理有法可依、有章可循。缺少法律制度限制的一些网络负面舆论冲破了道德、法律的底线，但是却无法进行惩治。网络社会并非"法外之地"，只有实现网络空间的法制化，才能对"造谣""煽动"等违法行为进行强有力的法律制度规范、约束和惩戒，鼓励网民发表正确、积极、理性的见解，减少不负责任的负面舆论，营造一个健康、持续、和谐、稳定的网络舆论生态环境。

5.10　现实风险环境推动网络风险治理体系升级

从现实舆论环境来看，一方面，当前和可以预见的未来很长一段时间里，卫生健康工作将遭遇越来越多的新问题和新挑战；另一方面，网络舆情的监测和分析，无论是理论还是技术手段，都在不断地推陈出新，公共事件知识库系统是创新舆情工作的新方式、新手段。以创新思维应对日新月异的舆情态势，是应有之义，也是必要之举。

第一，社会舆论风险大环境倒逼。舆论格局发生了重大的变化，自媒体兴起，各类社会风险频现，积极推动舆情工作上实现跨越式发展，及时把握网络涉社会舆情态势，避免社会舆情工作陷入"一步落后、步步落后"的窘境已经成为社会各界关注的重点。

第二，基于数据的风险预警研判决策已成趋势。身处大数据时代，积极运用数据实现决策的科学性已成必然。对于数据的获取和收集，在技术上早已不是问题。那么，如何更好地利用这些数据则是技术研究及发展的方向。通过实际舆情工作及技术模型分析，公共事件知识库比对，是行之有效的数据分析研判工作方法。通过公共事件知识库，可以从众多相似舆情案例中抽取出共同特征和相似趋势，找出决定舆情发酵的关键因素，为舆情应急响应和处置提供有力支撑。基于数据的公共事件知识库系统本身也蕴含了科学精准的操作流程和分析研判，减少了因相关人员经验、能力的不同而导致的工作上的偏差。

第三，创新应急管理工作理念新要求。当前，国家大力倡导大数据技术的现实应用。政府部门需要在工作方法、技术运用上与时俱进，跟上网络时代的新步伐、新节奏。与此同时，在舆情工作上也要创新思维。基于各机构系统舆情事件多发、分布范围广泛、舆情根源趋同等特征，能够充分发挥公共事件知识库系统舆情研判的优势。不仅如此，采

用公共事件知识库系统，还能全面把握涉及社会系统舆情的整体发展趋势，随时掌握涉事主体和关注重点的转移和走向，紧密跟上网络舆论场的新特点、新趋势，为创新社会系统其他工作内容提供借鉴与思路。

第四，对风险过程进行全流程记录分析。公共事件知识库系统的一个重要环节就是对于历史事件的还原与记录。当前，数据存储技术已经十分成熟，将过往舆情案例进行妥善记录保存，对于社会系统今后舆情工作的开展具有十分重要的意义。公共事件知识库，不仅仅是一定时期内的、具有阶段特征的各个案例的比较分析和概括归纳，更涉及跨时段的、从长周期来考察的各个案例的比对，即横向比对和纵向比对。所谓"横看成岭侧成峰"，多种比对方式有助于对舆情的理解和分析。公共事件知识库系统具有对舆情事件的全流程保存记录的能力，不会出现因时过境迁或信息删除而导致的信息残缺的困扰。

第五，化繁为简提高风险治理效率。对于新技术的应用，实际上正是化繁为简、提高实际工作效率的必然手段。大数据时代，不仅纯人工分析研判舆情早已不可行，使用非专业的、非针对性的舆情收集研判系统，一样会导致出现各种偏差与失误，从而增加相关工作的负担。使用针对社会系统舆情事件特点而量身定做的公共事件知识库系统，能更好地有效抓取和收集相关舆情，不让无关信息淹没真正重要的内容，还能根据使用人员的使用习惯和关注重心，进行有针对性的调整。在进行舆情处置时，科学的公共事件知识库与风险评估，能够让相关处置方案有的放矢、有据可依，提高舆情工作效率。

第六，公共事件知识库提升风险应对水平。公共事件知识库系统是一种技术，提供的系统平台是基于科学的数据模型而运行的，但这并不意味着舆情处置就会是冷冰冰的、没有人情温度。恰恰相反，利用数量巨大的成功的舆情处置范例，系统既可以找出那些应对过程中制度化的、流程化的"硬"手段，也能发现起到了安抚涉事者情绪、触动网民大众心理的"软"手段、"软"细节，从而为新的舆情事件应对提供人性化处置的重要参考意见。同时，系统接入专家智库的会商研判，更能

增加处置的灵活性与机动性。舆情处置的人性化，既是应对舆情态势新变化的必要手段，本身也是舆情处置的意义之所在。系统平台的引入，将进一步增强对网民情绪变化的分析与研判，从而抓住能够"直指人心"的核心诉求，快速平息舆情演化过程中的负面情绪。

第七，辅助决策和预警成为网络风险治理方向。公共事件知识库系统及其工作方法，还处于初步形成阶段，但已经展现出了相当大的潜力和极为长远的应用前景。未来，相关工作及技术应用仍将向纵深化发展，主要表现为以下几个方面。

1.　基于公共事件知识库的舆论风险态势感知

人工智能并不像一些人预测的那样能很快出现，但基于现实应用的浅层次人工智能确实已经逐渐成为当前技术应用的一个趋势。可以预见，公共事件知识库系统的迭代升级，可以充分利用人工智能的特点和优势。在舆情监测、分析和应对举措的制定中，辅助性的人工智能完全可以基于各种公共事件知识库中感知到的异同点，推出千变万化的有着针对性差异的监测、分析和应对方案，为人脑决策提供涵盖全面的信息和路径最优方法。同时，基于人工智能的自主学习能力，在长期的舆情监测工作中，系统将不断熟悉和学习社会舆情的特点和一般规律，为系统的升级更新提供参考意见，并能根据实时大数据的拓扑结构变化，推测舆情态势，为人脑预测提供预警性质的参考信息。人工智能有不断的自主学习能力，具有滚雪球式的发展效果，最终将使得整个系统能够高度贴合社会舆情工作的实际。

2.　打破地域局限的网络空间治理协同工作指导

在网络空间治理工作环节，许多部门缺乏统一的、垂直整合的指导平台。在网络综合治理不断提档升级的背景下，统一平台、统一管理、统一指导、统一考核的工作方法必然成为一种趋势。网络公共事件知识库系统能够满足统一的、全国联网的、同步更新的技术平台的要求，可以不再受制于地域区隔，能有效解决"上级监管太远"的窘境。不仅如此，打破地域局限，客观上也符合网络舆情的特征，有利于从全国一盘

棋的角度总体指导各地的舆情工作，避免"按下葫芦浮起瓢"式的被动应对。

利用公共事件知识库系统，也有利于各地案例处置的数据统一收集、上传和保存，使得案例数据做到全国共享，相关经验全国各地都能汲取和借鉴。统一的系统平台，也有助于各地舆情工作人员树立舆情工作的大局意识，进而实现网络空间治理工作的统一步调。

3. 实现事件处理与舆情处置的同步展开

实际网络空间治理工作中，单线条的舆情处置正在弱化，基于事件处置和舆情处置同步展开的双线条模式已经成为共识，在很多成功的舆情应对案例中，都能看到线上线下紧密联动处置所产生的"一加一大于二"的效果。但这样的紧密联动的成功案例，有时是无心插柳，有时是天时地利人和诸多因素合力而成的结果。公共事件知识库系统的发展，能够实现网络空间治理应急平台和应急指挥平台的同步推送，通过系统内更新推送实现网络公共事件态势实时展现，从而为现场处置提供线上态势的参考。此外，系统还具备打通多部门协同处置的功能，为跨部门的协同处置提供必要支持。事件处置和风险处置的同步展开，有利于线上和线下应对的灵活性与机动性，以此适应瞬息万变的网络空间风险发展态势。

4. 公共事件知识库的形式实现多样化

现实中的突发网络公共风险状况，往往是千变万化，特点也各不相同。公共事件知识库系统的建设和发展，着眼于充分挖掘数据背后的价值与规律，形成具有针对性的比对形式与呈现方式，如视频音频比对、指数比对、非格式化的信息比对等。总而言之，公共事件知识库的形式，还有很大的探索空间，甚至可以和视觉虚拟增强技术相结合，使用者可在虚拟现实效果中，对信息进行推演与比对，从而得到不同的处置结果。凡此种种，都将是未来公共事件知识库系统的发展方向，同时也为网络空间风险治理工作的科学化提供了可能。

第六章　网络风险治理应用场景

6.1　公共事件知识库和网络风险治理决策

　　随着互联网技术的普及与发展，传播领域也发生了根本性的变革。由于网络的虚拟性、隐蔽性、发散性、渗透性和随意性等特点，促使广大民众慢慢习惯于通过网络渠道来表达观点和态度。网络媒体已经被公认为是继报纸、广播、电视之后的"第四大媒体"，网络平台也成为反映社情民意的主要载体之一。基于此种变化与趋势，网络综合治理已经成为社会治理的重要环节。

　　做好网络舆情工作是摆在网络综合治理工作面前的首要任务，无论是党政机关还是各企事业单位，纷纷在网络舆情工作中投入大量的人力物力财力，但在实际操作过程中，仍存在因方式方法欠佳而饱受舆论诟病的情况。因此，加强网络风险应急管理工作体系建设，创新工作体制机制已经成为各社会主体亟待解决的问题。

　　党的十九大报告中明确强调，要"加强和创新社会治理"，提高"国家治理体系和治理能力现代化水平"。从网络风险治理工作中的技术环节来看，现阶段我国大多数的舆情技术系统都是在做网络信息的监测和预警，在搜索方面也是基于关键词的搜索，该技术手段仅着眼于"当前"，信息所呈现的状态也是"正在进行时"，信息的价值并没有完全释放出来。通过大量的舆情处置经验来看，对过往舆情案例的全流程复盘，能够有效指导正在发酵中的舆情的处置工作，甚至可以预测未来工作中所存在的舆情风险，从而使舆情工作有的放矢、未雨绸缪。公共事件知识库和基于案例知识的专家决策系统就应运而生。在充分融合大数据及人工智能技术的基础上，实现历史舆情案例与现实突发舆情事件的实时比对，该技术对创新舆情工作有着积极的作用与实际效果。

　　从主流的技术应用来看，目前，市场上所推出的各类舆情系统和应

用，基本上都是平面结构的收集分析体系，其收集分析的数据信息是跟在网民情绪后面，是到"此时此刻"为止的，因此，在实际应用中存有三大痛点：一是没有与历史同类事件相关联比对，其参考价值也仅限于对单一事件的把握；二是缺乏对舆情发展演化进行推导，预判的能力有限；三是平面的数据语言有异于人的解决问题思路，对网络情绪变化不能形成动态感知。

通过对实际舆情工作的研究分析发现，成功的舆论危机应对经验值得总结和借鉴。研究发现，对典型公共舆情事件的各个时间段和维度上的量化分析，能够发现这些网络事件背后的必然发展逻辑，同时，通过对以往舆情个案的特征和标签体系进行系统梳理复盘，能够对当前正在发生或未来可能会发生的各类网络舆情进行科学的趋势研判，有效提升网络管理部门和相关业务部门的舆情应对水平。

从国家层面来看，2017年12月8日，中共中央政治局就实施国家大数据战略进行的第二次学习中，习近平总书记强调："要运用大数据提升国家治理现代化水平，要加强互联网内容建设，建立网络综合治理体系，营造清朗的网络空间。"

基于舆情工作的实际需求与国家对大数据相关工作的部署，实现舆情技术的提档升级已经成为当务之急。因此，科学部署公共事件知识库系统符合时代要求，是大势所趋。

公共事件知识库比对系统不再只是网络管理部门"平面的、化验单式的舆情呈现"，而是进行"立体智能化的公共事件知识库"。它的投入使用，将全面替代传统舆情系统，其开发理念和技术逻辑，是对传统舆情系统的颠覆，该系统能更全面地呈现舆情信息的相关关系，利用系统既有的历史案例库，对舆情事件进行实时比对，帮助网络管理部门更快地掌握类似事件的发展形态，以历史经验来预测未来走势，让舆情处置和网络风险治理决策更有针对性。

公共事件知识库系统通过网情态势、态势统计分析、事件回溯分析、案例对比、决策支持、事件搜索、政策研判等基础模块，在满足用户舆情监测预警的基础上，让用户研判及决策时，能够有相关的事件及经验进行参考，打破原有的单条信息输出模式，以更加直观的、立体的案例来进行动态比对，从而避免现实舆情处置"在同一个地方摔倒两次"。

在实际应用中，公共事件知识库系统以技术为支撑，以专业的智库团队为配合，将舆情风险测评、舆情监控、舆论态势感知、专家报告、智库建议等融为一体，覆盖到了重大决策的事前、事中、事后全流程，提高网络风险治理工作的成效。

传统的网络舆情管理思维面临重大升级，否则，将严重滞后于社会风险治理所需，用网络风险治理体系迭代网络舆情管理体系已经是大势所趋，也是社会发展的必然之选。

6.2　基于知识库的重大决策风险研判

随着互联网、大数据、新媒体时代的不断发展，网络本身的虚拟性、隐蔽性、发散性等特点促使更多人愿意通过网络渠道来表达利益诉求，放大自己的声音。突破时间、地域限制的利益发声渠道，激发了公民参与社会问题的讨论，满足了诉求表达的愿望，也正是因为网络时代的发展和利益诉求的交织作用、群体的共情效应激发网络舆情的发生。网络舆情传播速度快、影响广泛而深刻、具有社会动员的潜力，特别是受到不当操控的负面舆情可能导致对个人权益的侵犯、对公权力合法性的冲击、政府公信力的降低以及对公共利益的损害。

近年来，社交媒体对于突发事件、社会民生、环境保护等热点事件进行讨论，舆情瞬间扩散能力强，许多热点事件传播以"亿"为单位。如：空姐深夜滴滴打车遇害事件（2018年）、警察打人事件、拼多多卖假货事件等。网络舆情参与主体多元，舆情传递性强等特点在一定程度上导致了公共舆论的极端化与不真实性，肆意编造的谣言，骇人听闻的传言严重破坏了社会公共秩序，损害了政府形象。因此，需要从源头上预防和减少重大网络舆情风险，充分利用大数据、人工智能等新技术，深入研究引发影响社会稳定的网络舆情产生演变的规律，基于网络事件知识案例库比对系统的运用，提高网络舆情风险预测预防能力，实现重大网络舆情风险的识别研判与早期智能预警。

（一）新媒体时代网络舆情的特征

互联网与新媒体时代改变着社会传播的生态，对舆情的影响力也不断增强，逐渐成为网络舆情发起与传播的重要力量，呈现出网络舆情环境中公众参与更活跃、舆情议题更集中、舆情参与讨论渠道更多样等特征。

1. 舆情主体结构多元，隐匿性强

随着互联网与新媒体的不断发展，越来越多人通过网络渠道参与社会热点话题的讨论，网络的隐匿性更激发了社会公众参与问政的热情。舆情参与主体大多包括普通网民、意见领袖、网络媒体等，因参与主体的年龄结构、职业结构、学历结构等差异呈现了舆情主体结构多元的特点。虚拟的网络环境与匿名的参与方式促使网络舆情发生的隐匿性更加强烈，部分网民通过网络名称的掩盖、IP地址的隐藏隐匿在网络上发表意见，网络本身的这种隐匿性特征在很大程度上决定着网络舆情隐匿性的特点。

2. 舆情议题领域广泛，开放性强

互联网畅通了民主表达的渠道，社会公众依托互联网技术和移动终端可以打破时间、空间的限制，随时随地发表观点，提升了社会公众参与社会议题的便捷性。互联网在实现信息资源深度共享的同时，还打破了传统媒体对议题设置的垄断，普通民众通过论坛、微博等媒介参与议题的讨论与交流，并以转发、评论等形式进行双向互动，增强了舆情议题参与的互动性与开放性。互联网和新媒体传播的即时性也使人们关注的话题更时效，参与讨论的话题愈发广泛，特别是关系社会公众切身利益的话题更为集中，舆情议题包含了经济、文化、教育、医疗、就业等多方面。

3. 舆情信息传播迅捷，互动性强

网络技术的快速发展，微博、微信等新媒体的快速崛起，为信息的传递、网民的互动交流提供了便利。网络参与渠道的拓展与参与平台的不断完善使得人人都能表达自己的声音，人人都是信息的接收者，人人都可是信息的发布者。信息传递的快捷性使得一旦有舆情发生，便可以在最短的时间内实现跟帖、转发、扩散，最终覆盖整个网络。自媒体加快了由"自上而下"向"自下而上"的信息传播方式的转变，推动了话语权向大众化、平民化的转变，增强了互动性，激发了公众的参与性与

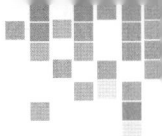

活跃度。

4. 舆情获取渠道多样，复杂性强

网络和新媒体的快速发展突破了传统信息获取的方式，微信、微博等自身具有的平民化和草根性，呈现出交互性强、门槛低、传播快等特征，已逐渐成为公众表达舆情、传递声音的重要窗口，网络舆情获取渠道的多样性为网络舆情促生、发酵、井喷提供重要的载体。网络舆情获取渠道多样性也使网络舆情管理难度增大，复杂性增强。

（二）重大网络舆情的潜在风险

随着传播渠道的不断完善，网络舆情事件愈发呈现多发趋势，"蝴蝶效应"凸显，使整个社会舆论产生狂风骤雨般的变化。近年来，社会各领域重大网络舆情事件频发，给社会和谐秩序与公权力造成负面影响，网络舆情潜在风险凸显。

1. 虚假信息和网络谣言，增大社会公众认知风险

网络信息包罗万象，内容复杂，在海量的信息中虚假信息让我们难辨真伪，网络传播速度快使得网络谣言在网络环境中快速相传，加大了社会公众的认知风险。网络谣言的肆意传播与扩散，使得社会公众面对信息难辨真伪，众说纷纭，事实真相被淡化，无疑增加社会认知阻碍。潜在的认知风险在很大程度上影响着社会公众对事物的认知、分析、辨别的能力，加强风险识别与智能预警是消除潜在风险的内在动力。

2. 群体极化和网络暴力，加剧公共权力道德风险

复杂的网络世界中，多元主体互动交流为网络谣言的传播制作"嫁衣"，谣言一旦被人相信并广泛传播，就会引发"滚雪球效应"。在社会热点讨论中，当强势的声音成为主流意见时，"沉默螺旋效应"发生，对抗的力量被淹没，从众心理和群体极化现象凸显。当谣言逐渐占据主流舆论的位置，社会秩序受到冲击，一旦政府沉默不发声，应对不及时，公民对政府的信任下降，政府形象受损，公信力下降，加剧公权

力道德风险。

3. 意识渗透和跨境传播，促使文化渗透风险凸显

互联网语境下，新的话语建构和传播体系一定程度上消解着主流意识形态传播的经典范式，由于互联网传播的即时性、开放性和全球化特点，在国际和跨境政治传播过程中存在着更大的意识形态安全隐患。信息全球化发展背景下，西方极端意识形态文化，如历史虚无主义、普世价值观通过网络进行宣传，港澳台极端社会思潮对内地意识形态安全容易形成渗透风险，国家意识形态安全受到挑战。

4. 官方舆情管制和应对不当，激发危机的处置风险

网络舆情传播迅速，舆情爆发后引起社会的广泛关注，如果官方把控社会关注点、转折点和峰值点的准确度出现偏差，不能围绕舆论关注的焦点、热点和关键问题，进行实事求是、言之有据、有的放矢的回答，舆情处理不当，将会陷入"塔西佗陷阱"。特别是突发事件中，如杭州狗狗友好型城市的建设事件中，政府面对舆情处理不当，激发危机处置风险，使政府形象遭遇网络舆情"达摩克利斯之剑"。

5. 媒体报道缺位和失焦，导致舆情传播风险加大

媒体对舆情的介入能够在一定程度上还原事实真相，但是部分媒体为了吸引眼球，博取受众的注意力，进行选择性报道，导致公众认知出现偏颇，引发负面效应。同时，在一些重大突发事件中，由于外力干预及自身缺少新闻敏感，常常出现媒体失语的情况，如在天津港爆炸事件中，现场情况早已在微博、微信等自媒体上铺天盖地传播，然而天津本地主流媒体却长时间严重失语。媒体报道的失焦与缺位严重加剧了舆情传播的风险，加强舆情风险预警，降低舆情传播风险至关重要。

（三）知识案例库比对系统网络舆情风险识别与预警的现代价值

知识案例库比对系统网络舆情风险识别与预警是提升我国危机治理

水平的内在动力，是舆情风险治理的重要工具，是推进我国治理能力和治理体系现代化的重要抓手。"知识案例库比对系统"是对传统舆情系统的继承和颠覆，通过智能比对，系统能更全面地呈现舆情信息的相关关系，利用系统既有的历史案例库，对舆情事件进行实时比对更快地掌握类似事件的发展形态，以历史经验来预测未来走势，及早地进行舆情风险识别与智能预警，让舆情处置和决策更有针对性。

1. 历史数据与现实决策的对比，提升决策的系统性与科学性

知识案例库比对系统能够实现历史数据与现实决策的对比，充分利用大数据技术与语义案例库实现历史数据的收集、整理、分析，将现实决策与历史数据中的典型公共事件从各个时间段和维度上进行量化分析，探寻网络事件背后的必然发展逻辑，分析各种因子对事件演变、发展、转化的规律。通过历史与现实的对比分析，对现实事件中正在发生或未来可能会发生的各类网络事件进行趋势研判和态势的感知，提升现实决策的系统性、即时性、科学性，提高舆情应对能力，提升舆情治理水平。

2. 历史数据与苗头事件的对比，提升风险识别研判的预警性

成功的舆论危机应对经验值得总结和借鉴，通过历史数据的量化分析，能够发现网络事件背后的必然发展逻辑。依托历史事件库各类维度的大数据比对分析以及智能推演指导处置功能，知识案例库系统将历史数据与苗头事件进行比对，进行预测推演，以期达到简捷、直观、实用并有效指导苗头事件的危机应对与风险感知，该系统的比对能够有效提升风险识别与研判，将舆情风险关口前移，大大提升网络舆情分析、研判的处置水平，提高风险的预测、预见、预报、预警能力，有力增强网络空间综合治理能力。

3. 现实事件与相似历史事件的对比，提升风险感知的精准性

网络舆情主要是利用整合互联网搜索技术与信息智能处理技术，对互联网中大量的信息进行抓取与热点发现，从而满足网络舆情的监测和对比。通过对敏感词、关键词等的分析，挖掘相类似的历史事件，基于文本、图形、视频的全形态大数据挖掘比对，对现实事件信息进行追踪，最终形成相应的分析结果。知识案例库比对系统能够实现对网络事件案例对比系统发挥实时监测、及时报告，增强重大事项网络舆情风险研判的科学性，提升可定制的态势风险研判的精准性。

（四）重大网络舆情风险识别与智能预警的对策

重大网络舆情风险识别与智能预警系统是有效依托大数据、云计算、案例库有机结合的风险识别系统。重大网络舆情的风险识别与智能预警是需要以庞大案例库系统为基础、专家舆情研判分析为指导、大数据和与计算的技术为支持、舆情预警引导机制为辅助的多维预警。

1. 完善网络事件案例库系统，依托案例库为动力提升风险研判全面性

舆情风险管理是现代舆情治理中的重要组成部分，基于网络事件案例库比对系统，完善网络事件案例库系统，加强网络舆情风险治理能力，将舆情风险管理前置，由以往的事后监管转变为事前预警。因此，要完善网络事件案例库系统，依托网络对重大网络事件进行收集、整理分析，通过敏感词源、关键词汇等检索方式完善关键字抽取、关键信息提取、正文抽取、自动识别热点网络舆情。同时，完善案例库系统检索方式，搜索功能，相关事件的呈现方式，能够依托案例库系统实现现实事件、历史事件、历史数据、现实决策、苗头事件的对比，加强网络舆情风险的感知与研判。通过系统的完善能够有效解决传统网络空间综合治理手段中态势研判能力不足的问题，能够在知识库训练的基础上，对当下正在发生的公共事件或即将出台的重大决策之舆论风险进行有效的全方位的过程仿真，为决策的制定提供重要的风险预警研判服务。

2. 组建舆情风险专家经验库，依托专业舆情知识，提升风险预警专业性

网络已成为最大的表达诉求的平台，网络舆情风险凸显，组建舆情

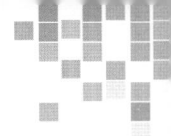

风险专家经验库可以提升风险应对能力，增强网络舆情风险处置的权威性。首先，由资深新闻记者、法律专家、危机管理专家、舆情专家和相关专业人士组建重大决策网络舆情风险专家经验库，由专业人士提供类似案例和历史事件舆情风险应对、研判经验，实现类似经验、成功经验的提取，提升舆情风险处置能力，有专家助力，为提高网络舆情风险感知与预警"含金量"加码。同时，定期对相关专业的专家进行增补，及时对专家经验进行完善，开展专家经验分享，通过分享完善综合舆情风险应对经验，依托专业知识提升舆情风险预警的专业性。

3. 优化舆情风险预警技术，依托预警技术与平台，提升风险识别预警精准性

大数据技术和云计算的发展为当前风险预警预研判提供了技术支撑，因此重大网络事件舆情风险预警要依托大数据、云计算、人工智能等技术实现预警。成熟的数据分析技术与完善的案例库的结合能够对数据进行对比、研判。同时，完善舆情信息交互分享平台，信息交流分享提升信息利用率，基于内容相似的智能聚类技术，自动发现网络的热点词汇，包括热点人名、地名以及其他热点词汇，并通过关联技术组织一起，提前感知网络热点。依托计算机统计分析技术对舆情信息分类，有效地在海量信息中发现目标信息或有害信息，并对其传播态势及社会安全危害进行自动精准研判，增强区域网络空间治理能力，提升重大舆情风险的预警精准性。

4. 构建重大网络舆情风险综合机制，依托立体机制提升风险感知系统性

舆情风险识别与预警是建立在网络舆情大数据被充分挖掘开发利用的情况下，基于网络事件知识案例库比对系统对舆情分析研判，构建重大网络舆情风险综合机制能够大大提升预警系统性。首先，建立健全舆情预警机制。基于知识案例库比对系统，建立"人工+技术"的立体化监测预警，建立重点事件、重点舆区、重点领域不间断预警，充分考虑可能爆发舆情的各种风险，为突发舆情事件处置赢得宝贵时间。其次，网络舆情甄别研判机制。通过系统对比对网络舆情真伪进行甄别，对影响因素、来源进行分类和定向，增强舆情预警的及时性和可靠性。最后，完善网络舆情引导机制。要善于利用案例库比对系统分析结果增强主流信息引导的有效性，实现主流信息的传播引导，降低网络舆情潜在风险，通过早期预警与引导降低舆情危机的发生概率。

6.3　网络或舆论形象修复

　　针对党政机构或企事业单位经历重大舆情危机考验后，声誉公信力形象明显受损的形势，在遵循重大危机事件基本舆情规律的前提下，充分考虑事件的基本舆论形势，积极寻找有效舆论突破口，为涉事的相关机构撰写全面的形象修复实施方案，以争取在最短的时间内恢复、重塑涉事机构或个人的舆论形象。

　　经历重大舆情危机考验后，面对事件给自身声誉、公信力、形象带来的创伤与冲击，涉事党政机构或企事业单位的过度主观舆论引导，或"放弃治疗"显然都无助于舆论形象的修复。而这正是左右重大危机事件对涉事机构舆论形象影响长尾效应的关键所在，必须要引起高度重视。

　　借助重大危机舆论形象修复实施方案，可有效寻求涉事机构的舆论引导突破口，借助积极、主动的舆论引导或相关辅助措施，能够有效修复涉事机构的网络舆论形象，以此降低舆情事件的负面影响和危害。

　　负面舆情解决之后，降温、冷却并不等于处置工作可以止步。若舆情处置应对中未能形成闭环，关联因子一有风吹草动，会重新发酵，点燃舆情之火，给有关部门或企事业单位的声誉带来二次创伤。特别是一些重大事件潜存长尾效应，相关部门和单位更需重视。在进行形象修复时，高层级响应不但可以定纷止争，通过宣传引导，更可以令舆论向正向发展。舆情发酵过程中，特别是在众声喧嚣的网络舆论环境中，一些网民对一些部门和单位的刻板印象长期存在，这也加大了形象修复的难度。在舆情发生前期，快速反应、积极发声对化解问题有积极作用。舆情后期，主动作为、顺势引导、消除误解则能有效地进行形象修复。面对突发事件特别是自然灾害，相关部门和单位舆情应对处置能力的高低是影响形象修复的关键。每当夏季暴雨来袭，一些城市管理者就会面临

"下水管道，城市的良心""去某地看海""管理缺位"等声音。此时相关部门和单位须总结过往经验教训，防患于未然，多方联动，积极处置，其形象修复自然水到渠成。

舆论形象修复的原则与应对网络风险时一致。第一，它是在确保及时性的原则下采取的降低网络舆论危害的主动行为。第二，要本着实事求是的态度，有一说一，有二说二，不能文过饰非，颠倒黑白，弄虚作假或者造谣诽谤他人，以免再次成为舆论攻击的焦点，引发更大的网络风险，造成更大的损失。第三，和危机公关的策略相类似，都要采取必要方式方法修复，例如有效利用第三方权威声音和渠道等。

第七章　自媒体与网络风险治理

7.1　自媒体的核心价值

　　乌尔里希·贝克说，在后现代社会各类风险泛化之后，公众的批评、反科学的研究，揭下了它借以隐藏的面纱，使它在社会政治的辩论中占有了重要的席位。

　　一位明星的偷税漏税行为是如何被公之于众，并引发娱乐圈地震？一家违规运营多年的"直销"公司又是如何在一篇网文之下迅速成为众矢之的，乃至多年逍遥法外的帝国缔造者瞬间跌落神坛？这股发源于网络的舆情风暴折射了怎样的社会价值体系？政府管理部门又该以怎样的姿态来迎接这股力量？

　　近年来，网络平台催生的热点话题层出不穷。网情民意中潜藏的巨大能量也逐渐为大众所感知，而一起起网络舆情事件呈现出的规律和特征，投射出舆情背后的暗涛涌动，掀开了社会风险复杂交织的冰山一角。

　　2019年1月22日，习近平总书记在中央党校省部级主要领导干部坚持底线思维着力防范化解重大风险专题研讨班开班式上发表讲话时指出，要坚持以新时代中国特色社会主义思想为指导，全面贯彻落实党的十九大和十九届二中、三中全会精神，深刻认识和准确把握外部环境的深刻变化和我国改革发展稳定面临的新情况、新问题、新挑战，坚持底线思维，增强忧患意识，提高防控能力，着力防范化解重大风险，保持经济持续健康发展和社会大局稳定，为决胜全面建成小康社会、夺取新时代中国特色社会主义伟大胜利、实现中华民族伟大复兴的中国梦提供坚强保障。

　　在互联网舆情方面，在保障公民话语权的同时，一些西方自由主义、个人主义思潮和其他有害言论所造成的舆论冲击，正在消解这个社会的核心价值观在网络空间中的主导地位，破坏并阻滞社会共识的形成，这已经成为网络舆情风险的一大突出表现。

　　网络和社会媒体能够以其巨大的渗透力和影响力重塑我们的价值体系和文明体系，让我们分裂的社会思想体系得以最快地重建和恢复，找寻我们共同前进的最大共识和对未来的自信，这正是网络风险或网络舆论风险研究的公共价值所在。

　　舆论不是一个新事物，它具有历史的渊源。早在西汉时期，已有汉文帝"广开言路"，且有"防民之口，甚于防川"等与舆论相关的醒世警言流传至今。"舆情管理要以史为鉴"，这是在发展的视角中对现代网络舆情的一次追根溯源，是以深入的史料研究对舆情产生的土壤和古人的应对智慧的借鉴阐释。

　　时日更迭，身处信息化和自媒体时代，舆情载体发生了深刻的变化，"现代舆情主要表现为网络中各类舆情的出现及其发生、发展、演变"。移动网络和社交媒体平台及如雨后春笋般涌现的自媒体代表着大数据时代的新型舆论场。传统媒体占据全部话语权的单一的舆论格局被彻底颠覆。放眼全球，报纸、广播、电视等传统媒体努力捍卫行业地位，驶往下一个时代潮头，却也不得不接受或消亡、或转型的摆渡之舟。而社会化媒体作为思想传递、价值分享的时代新宠，也并非以"单一"战胜"单一"的简单替代，而是呈现出多样化特征。

　　媒体社会化时代到来后带来精彩纷呈、热闹非凡以及裹挟着泥沙俱下和鱼目混珠的态势。网络舆论的复杂性及其信息源的复杂程度不容忽视，提升在网络复杂舆论空间的辨识力和审视力则尤为重要。

　　社会化媒体为大众化的舆论监督提供了可能，是大众积极参与社会互动、共享信息化发展成果的表现，"对待社会媒体的态度能折射国家治理的良心和自信"。与此同时，社会化媒体势头强劲，却不能任由其野蛮生长，网络从来都不是法外之地。掌握、熟悉网络舆情外在特征，并分析其内在传播规律，是时代对我们的治理部门提出的新要求。"任何轻视网络媒体巨大社会思想动员能力的认识和做法都是极其错误的"，毕竟摆在面前的现实就是"互联网已经成长为一个能够让社会成员广泛参与的巨大舞台和民意表达舞台"。

认识到网络舆情在社会治理中的地位，只是了解掌握网络舆情的第一步。基于一定的社会现实，结合网络舆情的一般性规律，便不难找出某一社会话题如何发展为轰轰烈烈的网络舆情事件这一问题的答案。

"风起于青蘋之末"，汹涌的网情民意背后是公民的参与意识和民间的智慧微光。网络舆情研究的重要目的之一就是要将提高公民意见表达能力与社会责任感当成构建和谐网络舆论环境的前提，将提升公共治理水平、倾听民意的能力当作网络舆情研究的核心内容。政府作为公共管理的主体，网络舆情管理是绕不开的"辖区"。相对于网络世界一次次自行发展重塑，政府部门的管理尚处于从被动到主动的关键时期，相关的网络管理机制和法律体系逐步建立。

无论是政府应急处置，抑或是一般性的网络舆情管理，技术手段都是现代化治理方案中不可或缺的支撑。

依靠技术手段和治理者智慧建立起的舆情管理体系中还贯穿着一个重要的理念：打破始终将政府置于公众舆论对立面的刻板印象，政府管理部门亦是信息时代网络空间的内容供给者和参与者。电子政务作为政府与公民之间数字化的连接方式，是政府提供服务和拓宽公民参与的重要形式。而活跃在社会化媒体上的政府公共服务账号以及官方意见领袖，更是参与到网络舆论的最前线。有关新型电子政务与政府社会化媒体管理的内容，也是"十二五""十三五""十四五"信息化发展规划的重要议程。

坚持底线思维，增强忧患意识，提高防控能力，着力防范化解重大风险。人类即将进入5G或6G时代，如何更好地掌握、化解网络舆情风险，揭开网络舆论风险的面纱，探察社情民意中隐藏的正向能量，在社会治理中寻找出路，在社会价值观上凝聚属于这个国家、这个时代的共识，是全社会的责任，更是治理者的义务。

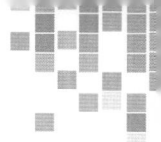

7.2　网络灰色产业链带来社会隐形风险

2018年3月20日，网民@前水军人老邪在澎湃问吧发帖《我是前水军团队BOSS，水军行业到底水有多深，问我吧！》，直言"创办过一家网站、两家传媒公司及水军炒作工作室""水军行业的水很深，想更多地了解这个行业，来问我吧"。同年3月27日，澎湃新闻刊发文章《口述｜一名水军的日常》对"老邪"做网络水军的日常进行全面报道，引发网民较高关注，也让舆论再度聚焦网络水军问题。

（一）网络水军现状

在维基百科中，网络水军被定义为一群在网络中针对特定内容发布特定信息的、被雇佣的网络写手。网络水军简称水军，又名网络枪手，他们通常活跃在电子商务网站以及论坛、微博等社交网络平台中。他们伪装成普通网民或消费者，通过发布、回复和传播博文等对正常用户产生影响，有专职和兼职之分。

1. 网络水军组织分类

传统水军仅仅在论坛大量灌水，而现代水军已系统化、规模化，按工作性质简单分类，主要分为打击对手的营销水军和仅提供形象维护的营销水军。

2. 网络水军人员构成

对于特定任务，通常有组织者团队负责组织此推广活动，通常有三组人员为他们工作：资源组、内容发布者和观察评估组。资源组负责为推广活动提供素材，如博文内容、图片、视频等；内容发布者，则将资源组提供的素材发布到特定的网站中，其可能是雇员，也可能是兼职人

员；观察评估组通常评价己方推广活动的成果和分析敌方的应对，为组织者的决策提供支持。水军主要群体还是学生和社会闲杂人等，因为这部分人无固定经济收入，赚钱是其进入行业的主要动力。

3. 网络水军群体特征

网络水军的群体特征主要有：一是主体不特定，行业门槛极低，只要是具备打字能力、上网能力的普通网民就可以成为主体，且分布在社会的各个角落，一旦发生网络侵权案件，司法机关很难确定实施侵权行为的主体；二是工作简易，不需要特定的办公场所，因此，很多人为了追求快捷的工作方式而加入"网络水军"的队伍；三是追求特定的经济利益，随着队伍的不断扩大，其经济来源的领域也在逐步拓宽；四是身份存在着一定的隐蔽性，以普通网民的身份出现，很难辨别其真实身份。

（二）网络水军引发的问题

1. 舆论认为网络水军规模迅速膨胀，朝着行业化、公司化、职业化方向发展，破坏网络正常生态，严重侵害公民人身财产权利

网络水军发展到今天，规模日益壮大分工也更细致，可谓"错综复杂"。舆论认为，想要进行全面整顿并不容易，网络水军不仅侵害公民名誉权、隐私权等，还可能在有偿删帖过程中导致公民财产损失。《人民日报》报道称，公安部网安局有关负责人表示，非法推广、有偿删帖、诽谤攻击、技术支撑、售后服务等各项业务都有专人负责，严重破坏网络正常生态，严重侵害公民人身财产权利。2017年5月公安部组织开展打击"网络水军"违法犯罪活动专项行动以来，已破获相关违法犯罪案件40余起，涉案总金额上亿元。

2. 舆论认为网络水军影响网络信息质量，扭曲网络舆论空间，带歪舆论节奏，各种假消息满天飞，网民很难再相信网络信息

"明星互撕，明星的小号被曝光，各种东西其实都是套路……"前

水军人"老邪"的自白,让各种乱带节奏的伎俩曝光,令人深信不疑的网络信息有可能只是炒作。舆论认为,水军猖獗导致网络舆论空间被严重扭曲,大量垃圾、无效、偏差、负面信息致使网络信息质量受到严重影响,网民不再轻易相信网络信息。《人民日报·海外版》指出,网络"水军"已经损害了互联网信息质量。澎湃新闻评论则称,"水军们"通过海量的信息碾压,覆盖真实信息,带歪舆论节奏,从而指鹿为马、三人成虎,结果是"假作真时真亦假",各种对企业和个人的恶意诽谤攻击,颠倒黑白,拿不出作品的"流量明星"却霸占了我们的眼球。

3. 舆论认为网络水军在资本的操控下炮制各类社会热点,民意甚至被"裹挟"利用,沦为炒作的工具

花钱就能"买粉""买热搜",让网民看到了资本的力量,"紫光阁地沟油"事件也显示了网络水军的猖獗。舆论认为,恰恰是在最开放、门槛最低的舆论空间,有些人为了利益,不惜炮制谣言,捏造事实诋毁对手,甚至将不知情的网民"裹挟"进来,"民意"成了被分食的鱼肉。《法制日报》报道称,每个网络平台热搜榜上,都有网络水军的影子,花钱购买热搜已经成为炒作的常用手段。央视报道则称,亿万网民,跟着这些网络水军的指挥棒贡献点击率,并在不知不觉中被引导和操纵,甚至无意中成为打手的工具。

4. 舆论认为网络水军会导致不正当竞争,商家利用水军来误导宣传或者打击对手,导致市场竞争处于无序状态

2019年1月1日,修订后的《反不正当竞争法》正式施行。新法施行后,网络水军等不法经营者将受到严厉处罚。舆论认为,商家利用水军开展刷单、炒信、删除差评、虚构交易等业务严重干扰消费者选择,早就应该打击此类失信行为,网络水军甚至会沦为商家打击对手的工具。《北京日报》评论称,某些网络水军帮助幕后企业诋毁、诽谤竞争对手,影响其正常运营,这不仅严重侵害了受害企业商誉,而且也严重扰乱了社会主义市场经济秩序。

5. 舆论认为网络水军或对国家安全和社会稳定构成威胁，他们可能被境外敌对势力利用，危害国家安全，造成社会动荡

网络水军系受雇于他人而展开活动，对利益的追求往往会促使其突破法律的界限。舆论认为，网络水军若被居心叵测的国外势力利用，借此实施煽动分裂国家、破坏国家统一的活动，就很可能危害国家安全。这显然有其先例。《新京报》曾报道，北京警方曾组织开展网上治安综合治理专项行动，强化打击散布危害国家安全信息的网络推手和水军。

（三）网络水军屡禁不止的原因

1. 组织架构相对完备，拥有应对策略能抵御风险

网络水军已然规模化，形成相对成熟的管理体系。舆论认为，网络水军组织架构在发展中完备，能够抵御一定的风险。澎湃新闻文章《揭秘网络水军王国：任务、系统与小兵》指出，水军隐匿无踪，却又无处不在。面对各网络平台技术调整升级，水军依然有自己的应对策略，他们会一起探讨"业务"和"技巧"，比如怎么养号，哪些平台比较安全，如何避免账号被封等。

2. 仍然存在利益空间，违法成本不足以形成有效震慑

网络实名制等政策密集出台、细化实施，不断压缩网络水军的生存空间。舆论认为，网络水军仍然屡禁不止，仍然在持续发展，就是因为该行业还有利益空间，违法成本仍然不高。澎湃特约评论员毕舸认为，有利益的地方就会有江湖，依然会有人为了一点蝇头小利加入水军行当，也会有企业利益当头，继续铤而走险。只有当"老邪"和幕后操纵者们的违法成本远高于收益，才是这些人收山之时。

3. 专业技术逐步提高，操纵策划更加不露痕迹

舆论认为，网络水军能够顺利逃避监管打击和平台封锁，并在网民不信任感中开展业务，或与其越来越强的策划力和引导力有关，操纵民意可以没有痕迹。《解放日报》报道称，网络水军并非想象中"简单粗

暴"，背后应有策划团队"在下一盘大棋"。还有更具"专业性"的水军团队，比如在某些问答平台上，常会有类似"××虚拟货币是否值得投资"的讨论，答题者往往声称具有海归高学历背景，说得头头是道，点赞数、评论数更是多得惊人。

4. 从业人员认知模糊，只把经营水军当做生意

水军行业在强监管下依然兴风作浪，除了追求利益，还与从业人员对行业认知模糊，只把参与水军业务当作生意。舆论认为，正是由于从业者认识不清，才会选择继续做这行。知乎作者@马成在回答问题"做网络水军是一种什么样的体验？"时称，大多数水军所从事的其实真的是一种很正常的广告活动，水军其实是一种线上的苦力活，跟发传单、装玩偶这类传统的零工没什么差别。

5. 水军队伍相对分散，打击起来难度相对较大

网络水军分散在整个网络空间，开展业务时只需要网上联络。舆论认为，网络水军正是依托网络空间的分散特点，逃避监管和打击，即使接连重拳治理，依然可能"死灰复燃"。中国之声《新闻纵横》报道，2017年7月，在公安部指挥下，全国21个省区市对"三打哈"网络水军案开展集群收网行动，共抓获犯罪嫌疑人77名，涉案金额近400万元，该案涉及地域广、人员数量多、关系网络复杂。

网络水军人员分散，也给技术治理带来难度。网络安全工程师李铁军认为，打击网络灰色产业存在很高的技术难度。

7.3　开放语境社会的风险治理

　　全媒体用户的群防群策群治应当成为网络治理的理性范式和治理路径。风险社会的风险无处不在，单一控制模式必将耗费大量的人力和社会成本。如果将每个社会个体当作风险的感应前端和风险感知的末梢神经，并且通过有序和有效的渠道迅速反馈到风险治理决策链上，这是最佳的风险群防群治机制。

　　这里有一个很重要的前提，试图构建开放社会体系下的风险感知网络，这需要开放的网络语境和信息高度透明的网络治理策略。建立一个高效、协同、互补、信任、和谐的网络交流环境至关重要，这是现代风险治理体系的基础和最有力的风险治理规避机制，也是应对风险时最有力的保障。

　　毛泽东曾经说过："广东大雨，要如实公开报道。全国灾情，照样公开报道，唤起人民全力抗争。一点也不要隐瞒。政府救济，人民生产自救，要大力报道提倡。工业方面重大事故灾害，也要报道，讲究对策。"①

---

① 　毛泽东：《毛泽东新闻工作文选》，北京：新华出版社，1983年，第214页。

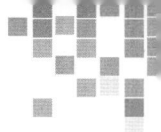

7.4 网络空间风险应对现状

（一）法律层面的应对现状

1. 国家层面法律法规日益完善

2016年11月，《中华人民共和国网络安全法》发布，这是自2017年以来我国已出台的系列有关网络和信息安全的法律制度之一，为网络健康有序安全发展提供了有力保证。法律法规日益完善，有助于净化网络环境，也为部分舆情处置应对提供了法律保障。

2. 机构设置相对系统化立体化

目前我国互联网舆情监测管理部门可以具体划分为：工信部门与工商部门，公安部门与国家安全部门，中央和地方的新闻办公室和对外宣传办公室，文化部门的新闻出版部门和广电部门以及中国互联网络信息中心等。自中央宣传部成立了舆情信息局后，全国各省委宣传部设置舆情信息处，这种垂直管理模式更能使政府及时高效地了解和监测网络舆情，从而达到合理引导舆情走向的目的。

3. 体制外舆情机构"多流合一"

如今，很多政府部门都建立了垂直管理的舆情服务机构，为了防止舆情监测手段过于单一，很多政府部门联合主流媒体、高校研究所、舆情服务企业、其他科研机构等建立联合舆情服务机构。

4. 信息发布公开程度不断强化

政府部门依托互联网，构建了政务自媒体体系，拥有了较强的信息发布能力，在回应舆情关切时更加便捷高效，公关意识增强，各级政府开始深度"触网"，政务信息公开程度不断提高，可以有效缓解民众焦虑，消解舆情压力。

5. 舆情应对体系得到初步完善

政府部门多已配备相应的舆情监测软件，能够迅速地捕捉到舆情信息，为舆情处置预留宝贵时间，舆情应对提速，官员问责力度加大。此外，舆情工作日益受到重视，部分领导干部已有初步的舆情意识，理论体系初步完善，部分政府部门也制订了舆情的处置流程。

（二）网络空间风险应对经验

1. 舆情理论实操培训常态化系统化

舆情相关理论和实践课程越来越受到重视，政府部门舆情应对和危机管理成为重要工作，党员干部的舆情素养不断提升。

2. 网评员队伍建设初见成效

部分政府部门为了合理引导网络舆情，开展了"红色大V"和网评员队伍建设，他们在重大舆情引导方面成效初显。

3. 自媒体联盟舆情引导力增强

政府部门与自媒体联盟建立良好关系，部分自媒体联盟在涉警涉医等舆情引导方面的能力不断增强，取得民众信任。

4. 网络舆情联防机制逐步完善

各个政府职能部门之间、部门内部科室之间、政府民间互动层面，逐步形成全网联动联防机制，可以高效地发现问题，并迅速开展处置。

5. 构建了合理的舆情应对流程

部分政府部门在舆情处置层面，已经形成了事前评估、事中监测、事后总结的舆情防范应对处置体系，并且搭建了舆情信息收集平台，形成了立体化的舆情信息监控体系，舆情风险把关作用日益凸显，消除了潜在的舆情危机。

6. 舆情处置追责力度不断升级

为确保网络舆情做到平稳可控，政府部门多措并举积极加强和规范

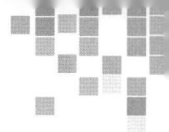

舆情处置工作，追责力度也在不断增强，倒逼处置人员审慎开展相关应对工作。

7. 技术力量和人才储备双提升

随着技术发展，舆情监测技术需求日益迫切，不少技术公司参与进来，舆情监测技术和数据量得到长足发展。此外，舆情处置和危机管理开始受到学界和业界重视，相应的舆情人才培养也逐步跟上。

（三）网络空间风险应对的困境

1. 意识层面

舆情应对专业素养相对缺乏，主动开展舆情引导的意愿和能力相对不足，化危为机的意识和技巧明显不够，舆情回应文本过于公文化，缺乏人文情怀，不足以规避媒体负面报道，错失舆情处置的良机，舆情应对意识和能力出现严重的两极分化，层级越高的政府部门，舆情意识和动员应对能力较强，而基层政府部门无论是舆情意识还是应对能力都严重滞后。民本意识淡薄，官本意识革除不彻底，官僚意识导致舆情应对走偏。

2. 制度层面

虽然制订了相应的处置流程和响应机制，但空留纸面，许多好的应对方案和策略也仅停留在理论探讨层面，部分领导干部对待舆情仍然是"封堵删"思维，没有形成强有力的应对制度，并且追责机制也难正常运行，缺乏量化考核，也缺乏动真格的决心和勇气，消极处置往往不会被追责，因此滋生严重的"鸵鸟心态"。

3. 技术层面

政府部门配备了舆情监测技术，也有相应的人员从事舆情信息监测收集工作，但相应的技术水平仍然较低，能够监测获取的信息量比较有限，此外，部分地方政府部门和基层，资金支持相对有限，舆情监测技术力量薄弱，甚至主要靠人工完成，在互联网信息爆炸时代，技术投入

不足，必然导致工作效率大打折扣。当前，部分政府部门几乎没有相应的技术人才，内容监测也难以实现数字化，舆情监测处置压力较大。

4. 组织层面

应对重大突发事件时组织架构较为松散，难以形成合力，缺乏专门处理网络舆情事件的常设机构或者小组，导致不同职能部门在紧急状态下无法实现畅通高效的沟通协调，在舆情处置时极易出现次生舆情灾害，各个相关利益部门难以做好协调，偶尔出现推诿扯皮的现象，严重损耗政府部门形象和公信力。另一方面，地方政府虽经常开展各类培训，但在舆情组织上，仍过度依赖主管领导个人决策，没有科学有效的组织原则和应对方式，如果领导不能及时参与处置，舆情应对基本处于瘫痪状态，倘若领导没有舆情意识，则舆情处置方案基本属于空谈。

5. 技巧层面

政府信息公开缺乏自信与自觉，新闻发言人制度空置现象严重。新媒体利用率不够，宣传方式、手段陈旧，新媒体运维能力有限，难以发挥信息公开的作用，舆情应对重删堵、轻疏通，对删帖方式重度依赖，因此导致民怨沸腾，舆情解释过多依靠官员和专家话语，说服力不强，需要邀请更多社会力量来参与舆情引导工作。舆情敏感度相对不足，要么反应过度难以决策，要么轻易放过导致问题持续放大。舆情处置手段相对单一，部分政府部门经验明显不足。

（四）网络空间风险应对措施建议

1. 舆情理论层面

一是要求领导干部持续深入学习舆情理论，逐步培养和提升舆情意识和媒介素养，对国内外舆情态势和网络意识形态有正确的认知；二是注意从舆情应对实战中吸取经验，固化应对技巧，还要多开展交流，提升运用和应对媒体的技巧，学会和各类媒体及平台打交道，并且学习相应理论；三是注意借助外力来提升舆情应对处置能力，独立构建专家智

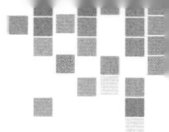

库团队，成为领导身边的"智囊团"。

2. 舆情实战层面

一是注意在舆情应对前，先对舆情事件进行基本判断，需要提升舆情敏感度，能够自觉地把单个舆情事件置于整体社会心态、社会隐疾、国家重点工作等层面思考；二是注意把握舆情应对基本原则，做到稳妥高效、及时反馈、令行禁止；三是注意做好舆情回应工作，及时恰当回应舆论关切问题，快速处置舆情相关责任人，以平息网民负面情绪；四是在舆情应对过程中，注意修复政府形象和官民关系，畅通政府与民众的沟通渠道；五是信息发布和重大决策开展时，务必进行相应的比对和评估，尽可能减少舆情风险。

3. 技术投入层面

政府部门务必增加对舆情监测技术的投入力度，随着5G时代到来，信息传播的效率将会大幅提升，信息传播的渠道也会日益多元，这就需要监测技术也稳步增强，开发更为智能的舆情监测平台。在5G时代，依托人工进行监测已经不可能，面对海量的网络信息，唯有用更先进的舆情监测技术，才能在舆情处置应对中占得先机。

4. 社会管理层面

加大新兴媒体利用力度，与各类媒体形成良性互动；加强社会管理创新，鼓励网络议题多元发展，维护理性网络环境；用好政务自媒体，做好信息公开和释疑解惑工作，积极主动引导网络舆论，加大政务自媒体辟谣力度，及时发布真相，并且用好网络大V和自媒体联盟，扩散真实信息，形成网络舆情对冲机制；创新宣传方式、手段和内容；加强政府诚信建设，修复和提升政府公信力，打造阳光、透明政府；疏通正常民意反馈渠道，及时知晓社情民意。

5. 制度建设层面

建立网络舆情管理常态化机制，舆情应对机制不能只停留在纸上，而要落实在行动中；不仅要依靠主要领导决策，更要依靠科学的舆情应对策略技巧，并且形成相应的舆情处置常设机构，对各自为政的舆情应

对进行统领和指导；畅通政府内部沟通机制，做到信息能够及时上传下达；多角度营造良好网络舆情环境，完善相应的法律法规，针对实际，地方政府也可以制定相应的网络管理法律法规，避免造谣传谣等违法行为造成的舆情误伤；形成联动处置机制，帮助涉事党政机关、企事业单位委托处置舆情，降低舆情对政府和地方形象的伤害；加大追责力度，处置不当就要问责到人。

7.5 "造谣一张嘴，辟谣跑断腿"

在网络空间治理中，经常有一个现象，即所谓的"造谣一张嘴，辟谣跑断腿"。其意思是，造谣者只需要靠一张嘴，动动嘴巴，凭个人的判断和好恶就能编一个段子，甚至是谣言，网络谣言因传播的速度快和改头换面的频度高而超过任何"正能量"的信息。此时，为了平息谣言的社会危害，网络管理者则需要花更多的时间去辟谣、去纠错、去公布相关的内部信息，以阻止该谣言的传播。有学者指出，之所以出现这种情况，是因为官方机构干了自媒体应该干的活儿，而官方应在谣言出现之前及时发布公众所不了解的真实信息和权威信息，以提前阻止谣言的产生。一个是主动的行为，一个是被动的行为，后者总是处于疲于应对的窘迫境地。加之，海量的自媒体用户的存在，也给有限的管理提出了海量的问题，或是谣言。这种"造谣"与"辟谣"就成了永无休止的自媒体与传统媒体的博弈，最终会两败俱伤。

作为官方背景的媒体，其本位应当是充分地发挥其公信力的地位，及时、有效发布社会公众不了解或还未掌握的信息，及时澄清或解释说明某些公众迫切想了解的信息，及时对冲网络不实之信息，有效打消公众的疑虑。如此，方能破坏网络谣言生长的土壤和环境。

另一方面，在治理网络谣言的同时，我们需要维护或重塑自媒体环境本身的舆论自洁功能。网络是谣言的粉碎机，任何谣言在多源信息的交叉比对和真伪鉴别中都会最终露出狐狸的尾巴。

在不断提升自媒体用户辨识谣言的能力的同时，整体提升公众的理性表达能力和保护民众自觉参与社会事务的能力，大力提升民众的科学素养和是非辨别能力，营造良好向上的网络舆论环境，同时，切不能寄希望于普通的自媒体用户成为谣言的甄别主体。在某些谣言传播的场景下，大多数自媒体个体也是谣言的受害者。

7.6　亚文化现象引致的社会心理危机

　　随着社会发展和自媒体的高度繁荣，公众的表达空间空前增大。政治主题、政治形式随之发生了巨大的变化。政治现代化的后果却是对传统国家政治这一公共权力中心及其权威地位的消解，一种被贝克称作"亚政治"（sub-politics）的新型权力场域逐渐取代议会政治，并开始在民主领域自动发挥功效，"政治现代化使政治和政治社会失势并获得解放"。

　　传统政治文化去中心化趋势不断被各类亚文化蚕食和鲸吞，并渐成社会气候和现代潮流。这为现代政治秩序带来了挑战，对某些高度板结和体系僵硬缺乏包容能力的政治治理体系来说，风险亦紧随其后，并显而易见。"草木皆兵"是对此类政治治理文化所面临的挑战和危机感最为形象和贴切的比喻。这种亚文化的盛行，能深刻引致社会大众心理的某些微妙且持久的改变。我们需要在开放乐观的心态中，包容并吸纳一切有益的改变，并提升现有政治治理文化的内涵，丰富政治文化的多元表达方式和多元政治参与的路径。

　　传统以法定政治体系为边界的政治受到挑战，政治体系被迫开放固有的传统边界，吸纳社会各种资源，从而解决变动世界中的各类政治和社会问题。政治文化可以分为政治心理倾向和政治价值取向两个层面，是一种心理—价值结构。政治文化的亚文化结构即一个社会的政治文化按社会结构的多样化的分解和组合：其一是基本的亚文化结构，如不同阶级的政治文化、在多民族国家中不同民族的政治文化；其二是具体的亚文化结构，如不同职业群体的政治文化、不同年龄群体的政治文化、不同区域群体的政治文化等。作为亚政治的"新社会运动"的勃兴也暗示着政治在变迁中继续转型和成长，政治变迁已不仅体现在政治体系内

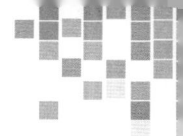

外政治资源与政治信息交往频繁而导致政治体系边界模糊，而且也体现为政治制度、政治结构的缓慢变革和位移。

社会运动与国家经济、社会政策存在周期性的循环互构，是社会运动社会的重要特征之一。当前欧美诸国总体上已进入社会运动阶段，在运动压力之下，其经济、社会政策普遍出现中左转向趋势，这给我国各类政治、经济生态带来了不可忽视的治理风险。需要在治理思想、治理实践以及国际环境层次上系统应对这些风险，并实现与欧美各国的互利合作和共同发展。

西方新社会运动是当代西方社会结构和阶级关系变动的产物。这一运动强烈地冲击了传统的政党政治，萌生了去阶级化的"中性政治"。这种"新政治"迫使以阶级政治为基础的西方主流政党顺应形势，采取中性化的改革措施，转变执政理念和执政方式。

网络加速了现代亚文化的盛行，并在潜移默化中深刻改变着传统的政治文化和社会文化格局。

亚文化的兴起，是社会传统权力去中心运动的过程，一个权力平均和再分配的过程。这种由社会个体和各类利益联合体共同推动的过程必将导致后现代社会各类现有社会框架出现松动，并消解传统的桎梏，重构当下和未来新型的后现代社会形态。

第八章　现代新技术体系潜在社会风险

8.1　大数据、5G以及人工智能技术带来的风险

　　5G技术的全面应用，将改变人们的交流模式，以更加急速、跳跃、分散的形式影响人们对时间和空间的感知，地域、场景的空间真正瓦解，空间被极度压缩并且不再成为人们交流的桎梏。

　　据统计，未来全球移动通信网络连接的设备总量将达到千亿规模，预计到2021年，全球移动终端（不含物联网设备）数量将超过100亿台，其中中国将超过20亿台。无论是在偏远地区、高速移动等恶劣环境下，还是在人员密集、流量需求大的区域，人们仍然能运用移动设备来进行远程交流与沟通。5G技术不仅会缩短人与人之间的时空距离，同时还将加速信息传播形态的变革。未来的信息传播形式将更加具象、直接、多维和动态，移动视频通信将成为人们的首选通信方式。5G时代，人们获取信息的速度大大提高，信息采集、传播的速度和规模达到空前水平。卫星互联网也会助推消除地域空间的隔阂，让信息传播抵达每个角落，由于其传播的广度和速度，卫星互联网和5G共同打破传播的时空限制，民众之间的互动交流将更加便利。

　　随着国家互联网综合治理体系的不断完善，无论是基于互联网本身的法律法规，还是对相关人群、相关领域的立法方面，都将不断深入并细化，并对互联网企业及平台的相关产品产生直接影响。如2019年年初国家接连出台了《网络短视频平台管理规范》《网络短视频内容审核标准细则》，直指网络短视频运营平台，随后对国内各短视频网站进行了集中整治。而近期围绕未成年人保护法修订草案，多位全国人大常委会组成人员指出，网络短视频对未成年人的影响非常大，在危害程度上比网游更甚，建议修订草案对此加以监管。该提议引发了社会的热烈讨论，一旦通过，对短视频平台将产生直接影响。

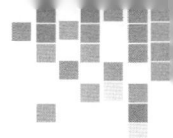

　　从网络监管角度分析，不断出现的网络新名词给监管带来了难题。个别新词出现的背后，都是基于相应事件或代表着某种社会情绪，是群体诉求的集中反映。而网络短视频平台无疑是众多网络热门词汇的发源地之一。其核心之一的二次元人群也有着独特的交流方式及语言体系，特别是在其视频产品的"弹幕"中，可能会出现用户群体对突发事件、公众人物、社会现象等方面吐槽或质疑，并通过独有的表达方式及词语进行"群哄"，这一点，无论对平台运营方，还是网络监管部门，都将是一个挑战。随着国际文化交流的不断深入，境外文化向国内输入的情况愈发明显。但需要重点关注的是，带有明显国家指向、民族或种族符号的文化产品具有一定的政治敏感点。以发端于日本并在国内视频平台开设账号的虚拟主播"绊爱"为例，从近两年国内舆论场的特征来看，反日情绪仍是一个不可触碰的高危敏感点。毋庸置疑，"绊爱"无论从产品的开发，还是文化理念，甚至是人为赋予的行为习惯，都与日本文化息息相关。在网民评论中，对于"绊爱"产品的日本文化倾向的吐槽也较为明显，特别是在一些重要的节点。如此前"绊爱"官微在7月6日推送一条微博，内容为"你知道明天是什么日子吗？亚洲部分地域的大家都很熟悉吧"，网民在微博留言"卢沟桥事变""七·七事变"，虽然微博内容初衷只是想与用户们讨论下"七夕节"，不过由于缺乏本土化的知识，没有注意到中国过的七夕是农历七月七日，但此事也反映出了该产品所潜藏的政治风险点，且容易与"爱国""中日关系""精日"等问题相关联。

　　从目前国家监管部门及网民对各大网络平台的核心诉求来看，一方面是来自内容上的，另一方面则是关于数据安全方面的。特别是近两年，随着个人信息违法案件的增多，国家对此类事件的严管力度也在不断增强。如2019年8月底，由某科技公司开发的一款换脸软件"ZAO"在各大手机应用市场上昙花一现，其迅速蹿红又迅速下架的主要原因正是侵害了用户的个人信息安全，其用户协议中的个别条款不仅涉嫌侵犯用户隐私，并暗藏霸王条款等问题，该事件引发了网民的极度不满，工

信部也对开发公司进行了约谈，最终导致产品"流产"。

此前，国内某平台也曾出现过源代码泄露、视频信息遭盗用等情况，此类突发状况不仅对平台安全造成威胁，增加用户的不安全感，同样也会给公司在资本市场上的表现带来直接影响。

2018年7月20日，央视新闻公布了一则"拒绝网络低俗动漫，营造正能量网络环境"的消息，直接点名B站。B站因低俗动漫内容被国家有关部门约谈，并予以处罚和整改。基于用户年龄特征，低俗内容传播对年轻群体的影响可谓是根深蒂固的，同时也导致家长群体对此类平台进行抵制。

（一）互联网最新技术发展现状

1. 大数据应用逐渐成熟，产业处于快速推进期

大数据技术的发展如火如荼，在国内各个领域都得到了广泛的应用，具有十分良好的发展前景，商业类行业对大数据应用较多，主要将大数据与传统企业相结合，有效提升运营效率和结构效率、推动传统产业升级转型。目前大数据分析解决方案已经逐渐成熟，并且越来越普及。伴随技术进步，以大数据为基础而开发的应用将越来越丰富。目前，从发展阶段来看，我国大数据产业处于快速推进期，中国和美国几乎同时关注大数据产业，但与美国存在一定差距，我国处于探索的初期阶段，想要进一步发展还需要几年的时间。

2. 人工智能发展突飞猛进，摩尔定律赶不上其流行速度

2017年以来，人工智能跳出AlphaGo的棋盘，在获得舆论极大关注和资本热情拥抱的同时，在各行业得到广泛应用：在出行领域，由人工智能驱动的无人驾驶汽车驶入各种展会；在医疗领域，具有深度学习和图像识别能力的人工智能已经可以帮助医生识别肺部结节，甚至通过国家执业医师考试……在人脸识别、智能家居、智能教育、智能语音、物联网等领域，人工智能都取得了较快发展。一切都进展得太快，连摩尔

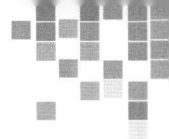

定律似乎都赶不上人工智能流行的速度。据前瞻产业研究院数据，中国2017年人工智能产业规模大概为135亿元，2018年大概为203亿元，同比增长50%。

3. 区块链产业链基本成型，受到政府部门鼓励支持

区块链应用在中国呈现出多元广泛、积极活跃的特点。2014年以来，中国区块链领域私募股权投资共计投向挖矿、钱包、虚拟货币、基础设施、底层技术、交易所、相关服务、区块链应用8个领域，中国区块链产业链可谓基本成型，中国成立区块链相关的行业协会联盟近20个，区块链和数字货币已经成为中国大众的主流关注点和日常用语，传统机构和国企机构间接入场。各地政府高度鼓励区块链技术，央行正在进行的国家数字货币试点，区块链也是其实现的技术之一。

4. 卫星互联网正加紧布局，竞争却早已白热化

卫星互联网领域竞争正在加速展开，中美两国都开始发力该领域，目前处于部署阶段。近期，中国航天科技集团正在部署一个低轨道通信卫星星座。一期工程将建设54颗卫星，然后建设二期工程，实现系统能力平滑过渡，卫星数量最终超过300颗，将全面启动全球移动宽带卫星互联网系统建设。建成后，它将成为全球无缝覆盖的空间信息网络基础设施，为地面固定、手持移动、车载、船载、机载等各类终端提供互联网传输服务。卫星互联网系统可以在深海大洋、南北两极、"一带一路"等区域实现宽带窄带相结合的通信保障能力。通过该系统，处于地球上任何地点的任何人或物在任何时间实现信息互联。

5. 2020年启动5G商用，通信设备企业正加紧研发

5G标准化研究提案在2016年世界电信标准化全会（WTSA16）第六次全会上已经获得批准，这说明我国5G技术研发已走在全球前列。《"十三五"规划纲要》提出要积极推进5G发展，布局未来网络架构，到2020年启动5G商用。华为、中兴、大唐等国内领军通信设备企业高度重视对5G技术的研发布局，在标准制定和产业应用等方面已获得业界认可。2017年12月21日，在国际电信标准组织3GPP RAN第78次全体会议

上，5GNR首发版本正式冻结并发布。2018年2月23日，沃达丰和华为完成首次5G通话测试。2018年6月到2019年12月，中国电信进行规模试商用，2020年之后就会进入大规模商用。

（二）互联网最新技术在传媒领域应用现状及前景

1. 大数据促进传媒转型升级，两者贴合会更紧密

各大媒体开始接力大数据，在新闻报道、媒体融合、舆论监测等维度寻找更多突破口。中央级媒体及多家地方传媒集团借助大数据走上转型之路，并开展有益尝试，已取得初步成效。比如，可视化新闻，利用大数据收集民意等，在重大新闻报道的各个环节，几乎都可以看到大数据的影子。"中央厨房"大数据采编发布模式，成为诸多主流权威媒体的选择，不仅促进新旧媒体融合，还很好地让内容被更精细地制作发布，利用大数据排列组合适应不同读者群体的需求。而利用大数据进行舆论监测预判，也拓宽了传媒行业的认知视野和报道角度，也有助于传媒与读者的距离。

随着传媒与大数据贴合更加紧密，更多有意思的新闻可以自动生成，新闻信息和维度会更丰富，读者面目也将更加清晰。

2. "AI+News"模式正在广泛尝试，传媒更加智能化

人工智能近两年来强势入驻传媒业。人工智能来自深度学习，这能够有效连接互联网与传统行业，使得"人工智能+传媒"颇具前景。人工智能在传媒领域的应用，最常被提及的应该就是"写作机器人"和"算法推荐"。机器人写作早已不再陌生，2017年8月8日九寨沟地震报道，就是由中国地震台网中心的机器人用时25秒写就的。封面传媒早在2016年12月20日，就应用机器人写出了第一条商业促销打折资讯。算法推荐更是在近年成为新闻客户端推荐新闻的标配，在个性化推荐方面，今日头条、天天快报和百家号都在不断尝试。随着用户数量的增加，通过相似点描绘可以将人不断地分群，进行群体分发，再加上之前累积的

数据，通过算法运算完成智能化推荐。

目前，国内"AI+News"的发展较为缓慢，暂无大规模较频繁应用，机器新闻仅发生在资讯整合上，算法推荐还需要不断完善，人工智能完全应用于传媒领域仍有距离。

3. 区块链技术稳妥消除传媒痼疾，为媒体融合开辟新路径

Facebook创始人扎克伯格在2018年度目标中表明，将探索区块链技术在Facebook中的应用，通过"去中心化"的方式向人们赋权。区块链技术的应用早已引起国内媒体的高度重视。2017年3月19日，人民日报"中央厨房"与中国通信工业协会区块链专业委员会联合举办区块链技术融媒体应用合作交流会，倡导在版权保护、企业管理、信息安全技术等方面开展紧密合作。2017年6月9日，首届中国报业版权大会发起倡议成立中国数字内容区块链版权联盟，致力于构建一个去中心化的、可信的、可追溯的数字版权内容流通生态。媒体区块链作为一种"区块链+媒体"的应用创新，进一步提高新闻传播效率、减少信任成本、增强监管实时性。

媒体区块链在知识产权、区块链生态圈、智慧社区、社会信用体系等方面的应用，将为媒体融合开辟全新路径。

4. 卫星互联网促使信息接收不受地域限制，传输更迅捷

当前，卫星互联网尚处于硬件建设期，大规模应用仍需时间。2022年，我国将部署、运营整个星座，构建156颗卫星组成的天基宽带互联网，形成以低轨宽带通信为主，并具备导航增强、实时遥感支持能力的通信、导航、遥感综合信息系统。该系统完成后，上网不再受到地域空间限制，信息传输将会更加迅捷。当前，基于卫星网络的公共文化服务平台，已初步应用到国家各领域和不同地区，包括与国家新闻出版署合作的"卫星数字农家书屋"、与中国妇联合作的"卫星数字妇女之家"，以及健康传播卫星网、安宣传播卫星网等。每一个卫星网点都是一个公共文化服务信息分发网点，融合Wi-Fi等网络技术，覆盖方圆300米范围人群，用户使用手机等设备就能浏览观看。

随着卫星互联网建设日益完善，更多资讯能够实时传递给边远农村，彻底打破信息传输的地域局限。

5. 5G加速信息传播，媒体界限将不断模糊消解

当下，5G网络仍处于基础建设期，暂未开始大规模商用。5G愿景是让用户进入全新的自由世界，5G最大的特征是传输速度快，其理论传输速度最高可达每秒数十GB，这比4G网络的传输速度快了上百倍。通过5G网络可以在任何终端收看高保真节目和直播，也不用担心资费过高。随着终端设备性能和网络速度的提升，自媒体内容制作将更加简单，传播更为快捷，小范围的互动性更强，互动形式将更加多元化。媒体专业和业余的界限进一步模糊，内容视角而非技术渠道将成为媒体竞争的关键因素。

在这种融合状态下，媒体名称将只具有机构意义，信息流通的渠道制约将不复存在，所有的信息都能以最佳的表现形式来呈现，用户可以自由选择信息表达方式。届时，媒体之间的界线不断模糊消解，同时，5G时代让媒体在开拓新闻报道业务形态上大有可为。

（三）人工智能最新技术给舆论传播带来新机遇

1. 媒介融合将在新技术助推下加速展开

在舆论传播领域，大数据和人工智能的应用推进了媒体融合的进程。总体样本取代随机样本、对不精确的容忍度增加以及相关关系取代因果关系等大数据思维的运用，进一步助推媒体融合，对媒体融合造成突出影响。大数据思维对媒体融合产生了前沿性、操作性、传播性的影响。大数据助推媒体融合，帮助其实现传播主体复合化、传播渠道多维化及传播受众立体化，找寻到最契合的传播方式。人工智能技术则利用算法推荐技术，更好地让内容和受众匹配，深度学习也能在内容生产方面提供更多可能性，技术和媒介平台融合加速进行。卫星互联网和5G则为更多应用的实现提供技术支撑，比如AR、VR技术，

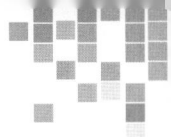

让媒介融合更加快速、深入。

2. 舆论传播时空限制被打破，个体与社会实现更广泛连接

5G在互联网技术的基础上改变人们的交流模式，以更加急速、跳跃、分散的形式影响人们对时间和空间的感知，地域、场景的空间真正瓦解，空间被极度压缩并且不再成为人们交流的桎梏。据统计，未来全球移动通信网络连接的设备总量将达到千亿规模。无论是在偏远地区、高速移动等恶劣环境下，还是在人员密集、流量需求大的区域，人们仍然能运用移动设备来进行远程交流与沟通。5G技术不仅会缩短人与人之间的时空距离，同时还将加速信息传播形态的变革。未来的信息传播形式将更加具象、直接、多维和动态，移动视频通信将成为人们的首选通信方式。5G时代，人们获取信息的速度大大提高，信息采集、传播的速度和规模达到空前水平。新闻从业者几乎可以不受限制地传输大量数据文件，实现数百张新闻照片或者新闻视频的瞬间传送，信息传播的效率将大大提高。卫星互联网也会助推消除地域空间的隔阂，让信息传播抵达每个角落，由于其传播的广度和速度，卫星互联网和5G共同打破传播的时空限制，民众之间的交流将更加便利。

3. 全方位地读懂受众，便于更有针对性地开展传播活动

无论是大数据还是人工智能，都能够实现对海量数据的计算和分析，通过大数据可以掌握受众的各类数据，然后运用人工智能对这些数据进行分析和学习，能够快速地给受众"画像"，明白受众的需求和偏好，进而开展针对性的传播活动。当然，对于各类信息和活动的传播效果，也可以依托大数据来进行分析，以结果为导向改善各项工作。区块链技术也能够较好地保留受众痕迹，便于知晓和分析最真实的网民心理。

4. 稳妥解决传媒行业存在的问题，改变传统业态

当前，舆论传播领域存在诸多问题，比如信息失真、谣言泛滥、版权之争、付费问题等，如何减少网络谣言、净化新舆论传播环境，是中外媒体监管的老大难问题。然而，区块链技术具有无需中介参与、过程高效透明且成本很低、数据高度安全等优势，随着区块链被广泛运用到该领域，这些棘手的难题极有可能被稳妥解决。一是区块链技术可以提供一整套追踪新闻来源的解决方案，从而实现媒体信源认证。使用区块链技术发布的新闻在被加密的同时，共享到多台个人计算机上，第三方机构很难进行篡改，而谣言回溯，则直接通过区块链技术就很容易实现。二是区块链技术可以很好地保护版权，区块链技术能以数字签名和哈希算法对新闻作品版权进行精准跟踪，从确权、用权、维权三个环节完整记录新闻作品版权流转过程。2017年3月上线的"版全家"应用平台，使用人工智能和区块链加固技术，提供版权登记、转授权合同备案登记、版权检索、版权交易、版税结算、侵权举报和维权申诉等一系列服务。三是区块链可以提升内容交易双方效率，借助区块链技术，撰稿人和自媒体可以通过智能合约对内容自主定价，绕过媒体平台直接和"粉丝"互动，获取打赏和订阅费用，也不再需要花费大量的时间和金钱去监管和核对合同及进行复杂的利益分配。区块链还带来广告的精准投放和应用，区块链技术甚至可以解决传播数据不透明、有偏差的问题，以及网民评论遭恶意删除问题。

5. 实现人与物的智能传播，传播媒介无处不在

5G技术的发展将加快人类进入Web3.0万物互联时代的步伐，新一轮智能化浪潮不仅能实现人与人之间的无缝连接，还将实现人与物、物与物的高速连接。在5G技术的支持下，人类感知、获取、参与和控制信息的能力将达到前所未有的高度。利用5G技术，人们及时跟家里的设备进行数据交换，还能实现汽车自动驾驶、智能家电等新技术。许多信息传播和事物运转不需要人亲自参与，而是通过网络技术实现，在5G、大数据、人工智能、卫星互联网等技术的助推下，信息的传播不再局限于传统媒介与新媒介，生活中各类电子设备都可能成为传播的介质。

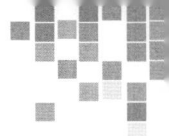

（四）互联网最新技术给舆论传播带来新挑战

1. 过度依赖技术致使内容分发受误导

大数据和人工智能技术催生"算法推荐"这类内容分发手段，技术带来了红利，也对网络舆论生态产生负面冲击，给社会管理工作带来较大挑战。2017年9月，人民网曾连发3篇评论文章，批评以今日头条为代表、单纯依靠算法推荐的平台价值观缺失、制造信息茧房以及走向媚俗化，并过度追求"眼球新闻"。随着5G时代到来，信息将会更加过载，"算法推荐"的作用可能会渗透到各个方面，倘如监管不到位，其负面效应可能被放大。

2. 不良信息可能借助新技术快速传播

区块链技术具有去中心化、可追溯、不可篡改等特点。那么，不良信息极有可能借助区块链技术进行扩散，内容上传可能不需要进行专门审核，或者只是企业设置简单的审核条件，难以规避潜在内容风险，不良信息可借此逃避监管。内容上传成功后，清除处理也会比较困难，这给不良信息传播留下时间和空间。5G时代，各类不良信息的传播效率显著增加，传播甚至会以视频为主，这既会加快信息传播速度，又会加大信息量和解读空间。

3. 政府部门监管难度将会急剧增加

根据区块链的技术逻辑，不可以进行删除处理，即使内容存在明显问题也很难被处理。倘若借助区块链技术进行传播，要想消除就会比较麻烦。"去中心化"特点让内容监管审核遇到障碍，而"不可篡改"则让后期整治遭遇困难。即使能够对内容进行有效监管，由于传播速度过快，往往在开展处理整治之前，可能已经造成了难以估量的负面影响。同时，倘若视频审查监测技术难有重大突破，那么对视频的审核仍将主要依靠人工，审核成本将会剧增，工作量将呈几何级增长。

4. 各类信息严重过载让民众陷入焦虑

互联网最新技术带来便利的同时，也可能产生一种新的异化和负面作用。信息呈现指数级增长，越来越多分散的、支离破碎的信息充斥着人们的视野，人们在混沌的信息空间和"数据过剩"面前，可能陷入焦虑状态，会有更多的压迫感和紧张感，后真相特征会更加凸显，网民容易被不良信息带偏。4G时代存在的各类舆论传播乱象，5G时代可能会更加严重。

5. 大数据技术或出现数据盲点、窃取隐私数据

人工智能主要依托大数据技术，对数据进行深度挖掘、分析和学习，而在此过程中，个人的隐私数据就有可能被抓取，甚至存在泄露的风险，新技术更懂受众的前提，就是对受众的各项数据进行收集和分析，大数据技术却会危及个人隐私数据安全，各类泄露窃取事件，一直就没有停过。此外，大数据技术还可能出现数据盲点，也就是有些数据抓取不到或不全，或者制造假数据，打着大数据的幌子给出错误的结论，对网民认知判断造成严重干扰。

（五）如何运用和管理互联网最新技术

1. 合理利用大数据收集并洞察民众心理期待

网民对社会热点的认知、对政策法规的态度和对国际问题的看法，都可以通过大数据技术进行收集分析，合理利用社交媒体等网络平台上的数据进行分析和总结，有助于政府部门决策科学化、规范化，能够帮助相关部门了解近期社会思潮和网民对于热点问题的基本看法，这对于决策施政无疑都是有益的。

2. 利用区块链处理版权问题和谣言问题

区块链的可追溯特性，让不少舆论传播难题迎刃而解。区块链技术将更准确地追踪每个内容产品的版权所属，由此将更好地保障内容所有者的合法收入，随着区块链的大规模应用，侵权和盗版将几乎不可能实

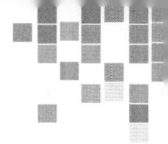

现。媒体权威报道在区块链技术下很难实现更改，而普通谣言可以很快实现追溯进行打击。

3. 理应尽快提高网民媒介和信息素养

5G时代即将到来，提高网民的媒介素养和信息素养变得更为重要。在信息爆炸和传播加速的场景中，没有较强的信息辨别能力，就极易被不良信息蒙骗，被不良情绪煽动，被别有用心者利用甚至坑害。政府部门可以利用媒体宣传、社区教育等方式，逐步来提高网民的信息辨别力，常态化地开展辟谣和宣教工作，对于不良信息和情绪要及时进行澄清和引导。

4. 加大技术研发力度提高视频审查效率

5G时代传播必然以视频为主，大量视频内容将充斥网络，网民随手拍随手发布，对这些内容进行审核将会成为监管部门的重要工作之一，倘若仍用人工进行审核，不仅效率较低也耽误时间，影响网民的5G使用体验，这就要求必须尽快在视频审查监测技术领域取得突破。当前，文本监测审查技术已经成熟，视频内容审查技术也必须要跟上5G时代的发展要求。

5. 完善法律法规提前介入新技术规则制定

区块链技术要求"去中心化""不可篡改"，这样的技术逻辑在某些领域可以推行，但在内容传播领域却有着较高的风险，一是内容不经审核会出现问题，二是内容出现问题没法快速删除。这就需要监管部门能够尽快完善法律法规，提前介入区块链领域的规则制定，比如，使用区块链技术发布违规内容的处罚方式，监管部门以什么角色介入管控，或者能给监管部门留出审核权限等。

对于人工智能技术在内容领域的应用，也要及时介入治理，要对"算法推荐"开展定期巡查，发现内容存在的问题，并力促企业调整相应的算法规则，让"算法推荐"更契合新时代网络内容建设要求。

人工智能最重要的技术方向就是用数据、算法模拟并还原人类思维和人类决策的全过程。人类的特性即是人工智能的技术和发展特性。人类的特性表现在：自我复制、自我修复、自我学习、自我进化、自我意识。人类活动的场景就是人工智能的应用场景。人工智能技术发展与人类智慧发展特性高度趋同是一种必然趋势，但永远不会超越人类的智慧。然而在某些领域，人工智能设施设备的破坏力却可能远超人类，这才是应该规避的人工智能应用风险，这些领域包括政治议程设置、网络舆论操控、网络战、信息战、金融战、网络犯罪等。

6. 打击数据泄露问题强力维护国家网络安全

互联网最新技术的发展，既会带来便利也会带来麻烦，而数据泄露显然是企业和监管者必须要面对的难题，大量个人隐私数据泄露在互联网上已成为普遍现象，甚至还会有敌对势力利用这些数据来展开攻击。世界互联网的发展，使信息流动突破了时间与空间的限制，模糊了国家领土边界，对网络安全和主权安全构成挑战。大数据时代，网络安全屏障的脆弱性凸显，引发了各国对安全领域的新关切。

英国《卫报》等媒体曾曝出重磅消息，英国数据分析公司Cambridge Analytica在未经用户同意的情况下，利用在Facebook上获得的5000万用户的个人资料数据，来创建档案，并在2016年美国总统大选期间针对这些人进行定向宣传。可见，数据泄露及不当使用，不仅对个人造成困扰，还会挑战国家网络安全，造成更为严重的社会后果，给国家安全带来损害。

8.2　虚拟经济乱象引致重大系统性风险

虚拟经济（Fictitious Economy）是相对实体经济而言的，是经济虚拟化（西方称之为"金融深化"）的必然产物。经济的本质是一套价值系统，包括物质价格系统和资产价格系统。与由成本和技术支撑定价的物质价格系统不同，资产价格系统是以资本化定价方式为基础的一套特定的价格体系，这也就是虚拟经济。由于资本化定价，人们的心理因素会对虚拟经济产生重要的影响，也就是说，虚拟经济在运行上具有内在的波动性。广义地讲，虚拟经济除了目前研究较为集中的金融业、房地产业，还包括体育经济、博彩业、收藏业等，虚拟经济发展过度将会带来泡沫经济。

"虚拟经济"一词，出自马克思的《资本论》，是马克思用来论证资本主义必然灭亡的理论之一。马克思认为，虚拟资本是在借贷资本和银行信用制度的基础上产生的，包括股票、债券等。虚拟资本可以作为商品买卖，可以作为资本增值，但本身并不具有价值；它代表的实际资本已经投入生产领域或消费过程，而其自身却作为可以买卖的资产滞留在市场上。虚拟经济就是从具有信用关系的虚拟资本衍生出来的，并随着信用经济的高度发展而发展。

《博弈圣经》著作人给虚拟经济下了一个定义：犹如看魔术大师让一群狗争夺一块骨头，让众人押注的赌博游戏。

国内对虚拟经济的研究是从1997年东南亚金融危机以后开始的。奠基之作是刘骏民教授于1998年出版的《从虚拟资本到虚拟经济》。

虚拟经济风险是指与虚拟资本以金融系统为主要依托的循环运动有关的经济活动，简单地说，就是直接以钱生钱的活动。虚拟经济起到资本有效配置的作用，资本流动的国际化使得资本可以以更大规模和更快的速度在全球范围内流动，一方面便于企业、政府、机构在更大的范围内融资，另一方面也便于投资者在全球范围内选择投资项目，实现更高的投资预期追求。当代经济金融化和金融全球化事实说明：虚拟经济已经逐步取代实体经济成为经济运行和发展的主流。

虚拟经济是市场经济高度发达的产物，以服务于实体经济为最终目的。随着虚拟经济迅速发展，其规模已超过实体经济，成为与实体经济相对独立的经济范畴。同时，与实体经济相比，虚拟经济具有明显不同的特征。主要表现在其具备高度流动性、不稳定性、信息不对称性、高风险性和高投机性、政策性或制度性风险五个方面。

虚拟经济是虚拟资本的持有与交易活动，只是价值符号的转移，正是虚拟经济的高度流动性，提高了社会资源配置和再配置的效率，使其成为现代市场经济不可或缺的组成部分。

虚拟经济自身具有的虚拟性，使得各种虚拟资本在市场买卖过程中，价格的决定并非像实体经济价格决定过程一样遵循价值规律，增加了虚拟经济的不稳定性。

受现行财务会计制度及公共政策的制约，真实信息由实体经济领域向虚拟经济领域提供的激励机制不足，导致与虚拟经济相关的信息供给不充分，这就为信息在不同的投机者之间不能公平分配埋下了隐患。个体投机者鉴别真实信息的能力不强，信息的发掘不到位、不专业、不经济，再加上个别投机者对信息的恶意歪曲，信息在交易者之间呈不对称分布状态。

随着虚拟经济的快速发展，其交易规模和交易品种不断扩大，使虚拟经济的存在和发展变得更为复杂和难以驾驭，虚拟资本投资成为一个风险较高的投资领域，尤其是随着各种风险投资基金、对冲基金等大量投机性资金的介入，加剧了虚拟经济的高风险性。

电子技术和网络高科技的迅猛发展，巨额资金划转、清算和虚拟资本交易均可在瞬间完成，这为虚拟资本的高度投机创造了技术条件，提供了技术支持，同时，越是在新兴和发展不成熟、不完善，市场监管能

力越差的市场，防范和应对高度投机行为的措施、力度越差，虚拟经济越具有更高的投机性，投机性游资也越容易光顾这样的市场，达到通过短期投机，赚取暴利的目的。

虚拟经济活动是以信用保证产权交易的顺利进行的，但其与国家宏观经济政策高度的相关性使得虚拟经济必然面临政策风险。从目前的情况来看，虚拟经济遭遇的最大风险来自政策风险。

在经济活动中，风险通常是指人们预期的收益与实际收益之间的差异，这种差异既来自客观世界的不确定性，也来自人们对客观世界认识能力的局限性。在分析虚拟经济风险时，必须充分考虑到金融市场主体的决策行为，特别是非理性的行为。

任何风险的出现都会有预兆，通常某些指标数据异常或表现异常，风险预警系统就根据一定的原则捕捉到这些异常。需要通过两方面的工作来实现风险情报的辨识：一是定性分析，即通过对有关项目从决策到运营等业务特征的定性描述判别；二是定量分析，即通过风险预警指标体系的指标来确定风险是否出现。

2014年夏季的达沃斯论坛上，李克强总理提出"大众创业、万众创新"的号召，几个月后，又将其写入2015年政府工作报告予以推动。"双创"之下，互联网企业获得大力发展，O2O等项目空前壮大，以P2P为代表的互联网金融也相继崛起。这是中国虚拟经济的黄金时期。以互联网+为代表的虚拟经济让沉寂已久的中国经济有了难得的亮色。与此同时，金融行业也伴随着于2014年开始的大牛市，开始了一场轰轰烈烈的"加杠杆"跨越式冲刺。可惜快乐永远都是短暂的。e租宝骗局及层出不穷的P2P爆雷、跑路事件，让互联网金融行业整体被舆论打翻在地。"2015年牛市见顶之后的资本寒冬，又让不少人质疑'双创'是否只是播下龙种，收获的却是跳蚤。"[①]李克强也在政府工作报告中指出，促进金融机构突出主业、下沉重心，增强服务实体经济能力，防止

---

① 36氪：《虚拟经济成了全民公敌，这样真的好吗？》，https://36kr.com/p/5067268。

脱实向虚。在民众眼中，代表虚拟经济的互联网行业是烧钱游戏，金融业则是资本游戏。谈虚色变，谈实则喜。

"虚假经济是以欺骗或者庞氏骗局为基础，为少数人获利而服务的，无论是实体经济，还是虚拟经济，都存在虚假经济。"经济研究领域学者郑方说。

"虚拟经济是以信用为基础，为实体经济服务，如果虚拟经济不是以信用为基础，不是为实体经济服务，那么它就会变成一个虚假经济。这个虚假经济就像实体经济里的假货一样，是需要政府监管和控制的。"郑方说。郑方认为，所谓的"脱虚入实"，脱的虚应该是虚假经济，而不是虚拟经济。无论是实体经济还是虚拟经济，都会有虚假经济，这是国家需要去防范、去打假的。无论是实体经济中的假药、假包，还是虚拟经济中的假钞、假账，这些都是需要去防范的。"现在大家一说脱虚入实，就变成不能搞金融不能搞互联网了，那是不对的，虚拟经济是对实体经济的一个有效的补充和服务。"郑方说。一刀切式的"捧实踩虚"只能导致一个结果：没有了为实体经济服务的虚拟经济，实体经济的发展将愈发艰难。"消除对虚拟经济的误会是关键，正确对待实体经济、虚拟经济及虚假经济三者之间的关系更是当务之急。"

建立虚拟经济风险预警系统，应把握好资金流向和流量等核心指标，才能建立合理有效的风险指标监测体系，增强对风险的感知能力和免疫能力，提升重大系统性风险的防范和化解能力。

8.3　媒体娱乐化倾向引发舆论安全风险

　　嘻哈歌手PG One因李小璐夜宿风波受到较高关注，其发布的作品引发权威媒体批判，中共中央国家机关工作委员会机关杂志《紫光阁》、共青团中央官微、《人民日报》、新华网等媒体批评其歌词低俗、教唆吸毒、侮辱女性。没想到，PG One的疯狂粉丝们却发起反击，子虚乌有的"紫光阁地沟油"标签就这么上了微博热搜榜。"紫光阁"被PG One粉丝误认为饭店，买错热搜了，于是"微博热搜"上了热搜。围绕"舆论操控"的话题持续受到关注，知乎刘空青连载"杨幂唐嫣大战"引爆话题，也让网民看到明星操控舆论的乱象。

　　娱乐资本操控网络舆论，已经成为普遍且严重的社会现象，无论是制造谣言、花钱买热搜，还是豢养水军、搞霸凌，舆论遭遇操控的现象时隐时现，混淆是非、颠倒黑白、绑架舆论，倘若"紫光阁"真是一家饭店，不知能否抵挡误伤。面对娱乐资本的操控行为，政府部门必须加强监管，营造清朗的网络空间。

　　梳理近年来娱乐领域各类现象可知，娱乐资本对网络舆论的操控可谓"无处不在"，这些操控有些是对明星热度和形象的维护，有些则直接反制对冲主流权威声音，主要表现为：

　　一是制造各类话题，通过娱乐资本助推炒作和操控粉丝，来提升话题热度，获得较高曝光度，持续维持自身话题性和热度。随着微博热搜产业链曝光，这类暗箱操作也成为"明规则"，如此操控致使娱乐圈炒作盛行，明星和娱乐资本的利益得到维护。

　　二是打压舆论，利用娱乐资本和粉丝力量，来对影响自身形象的负面舆论进行打压，粉丝对批评者进行肆意攻击，不惜造谣抹黑，导致围观者也逐渐被"带偏"，最后逼得批评者不敢多言，明星利用自身影响力开展网络霸凌的现象也时常出现，特别是流量明星，批评他们的风险较高。

三是操控民众认知，娱乐资本必然追逐利益最大化，这包括对自身利益的维护、与对手展开博弈，甚至不惜造谣、抹黑、诋毁其他明星，在社交媒体平台上，围绕影视作品展开的讨论时常呈现"非理性"状态，优秀作品被黑、劣质作品受捧的乱象偶有发生，市场环境受到影响，社会舆论也遭遇严重干扰。

四是对冲权威声音，在主流宣传重要节点，明星相关话题受到热炒，不少网络媒体和新媒体参与进来，形成舆论热潮，对主流权威报道形成强烈冲击，甚至让主流声音难以充分传播，这类现象值得警惕。

五是反制主流言论，对于涉及明星的负面报道，娱乐资本和粉丝们会采取措施补救，甚至调动各类资源开展反制，部分主流媒体和新媒体甚至都会受到操控，参与到反制中来，"赵薇用台独分子担任主演"事件引发的论战，就是典型的娱乐资本与主流认知展开的对决。

当然，娱乐资本操控网络舆论的方式还有很多，资本对社会领域的渗透可谓无孔不入，随着不少娱乐资本背后的力量更为强大，舆论被操控的风险也在随之增加，操控方式也会更加隐蔽。娱乐资本操控网络舆论，无疑会给社会治理带来负面影响，由于娱乐资本背后的势力相对隐蔽，其操控舆论带来的风险不容小觑。

其表现及危害如下：

1. 网络乌烟瘴气，舆论对攻加剧社会撕裂

对于明星言论和作为，舆论本应该有相对统一的判断，然而，由于娱乐资本的介入，部分明星的"黑料"反而能够得到舆论支持，他们甚至以挑战社会伦理底线为荣，资本的强势干预和误导，让"后真相"的影响日益显现，粉丝们在情绪的带动下，甚至认不清是非黑白，对于偶像盲目崇拜支持，非理性的粉丝和理性的网民时常在社交媒体上"互撕"，宣泄不良情绪，导致网络空间乌烟瘴气。

2. 不问真相正义，网络霸凌破坏舆论生态

部分粉丝在娱乐资本的操控下，已经失去判断能力。倘若有网民指出明星的问题，可能就会遭遇粉丝的舆论围殴，人身攻击在社交媒体上比较普遍。粉丝对偶像开展狂欢式应援，花钱买热搜，在偶像遭遇负面评价时，不惜买"水军"怼网友，开展网络霸凌，让正直理性的网民不敢说话，背后则有舆论资本的煽动和支持，这严重破坏了舆论生态，让网络言论更加极化，网民更加偏激。

3. 干扰认知判断，媒体平台成为资本帮凶

"紫光阁地沟油"本身滑稽不堪，但却能在粉丝推动下，进入大V的视野并获得助推，成功成为热门话题。这表明，资本所到之处，部分媒体平台依然沦为帮凶，失去了基本自净能力，或者根本就没有过滤的功能设置。社会舆论和情绪受到严重干扰，资本成功颠倒黑白，社会情绪的浮躁焦虑、民众认知的简单疏浅，都成为资本疯狂干预操控舆论的助力。

4. 操控经验娴熟，潜在风险加剧治理难度

明星受到娱乐资本控制，成为变现的工具和载体，而粉丝则逐渐成为资本维持良性运作的重要舆论力量，如同资本手里的提线木偶。部分明星即使出现负面新闻（道德危机、违法犯罪），也能在娱乐资本的操控下，让粉丝继续支持他，这种精神操控的手法已经非常娴熟。娱乐资本时常操控舆论，经验成熟、资源丰厚，这对于网络管控和社会治理，都是极大的挑战。

5. 消解权威声音，泛娱乐化冲淡主流宣传

倘若娱乐资本操控舆论仅是为了商业目的，加大行业管理整顿，强化对媒体平台的整治管控，可以让娱乐资本消停下。近年来，泛娱乐化风潮对主流宣传的冲击，却可窥见，娱乐资本背后的力量更值得关注。资本很难改变其逐利本质，即使在关系到国家安全和意识形态的领域，利益的最大化依然会是它的终极目标，在利益博弈面前，资本有时会铤而走险，对冲主流宣传。更有甚者，境外资本可能会参与炒作消解权威声音。

6. 对抗主流意识，调用各类资源展开反制

伴随互联网产业的快速发展，民营资本和境外资本（包括娱乐资本）对网络媒体和新媒体行业施加强大影响，资本利用资金、技术、管理等优势，促进媒体平台快速发展，也对这些媒体进行渗透，资本平时可能不会过多干预媒体运营，但在涉及自身利益时，就会依靠其影响力，操控网络舆论，甚至不惜雇佣水军发帖、删帖……资本的强力介入使得真相更加扑朔迷离，噪声、杂音盖过主旋律，甚至为维持利益，不惜对主流意识开展讨伐对攻，成为某些势力的帮凶。

7. 操控日益频繁，资本干预舆论逐步强化

反观娱乐行业的发展，娱乐资本的介入越来越深，无论是明星包装炒作，还是娱乐产品的宣发推广，几乎都有娱乐资本力量的助推，而这些资本力量对于社会舆论的操控能力也在日益强化。比如电影《无问西东》，其投资方就宣称，电影获得口碑票房双逆袭，除《无问西东》本身出色的质量外，和主投方企鹅影视的努力及其背后腾讯的助力是分不开的，企鹅影视不断整合业内优质资源，更是争取到了诸如腾讯新闻头条、腾讯视频全平台支持等珍贵的资源，由此可见，资本力量对舆论的干预和操控已然比较强大，不仅仅停留在新媒体层面，宣发如此，开展反制时更是如此。

娱乐资本所依托的资本力量日益强大，各类利益关系错综复杂，操控网络舆论带来的社会危害日益显现，面对站在暗处的资本力量，如何开展社会治理以逐步净化网络舆论环境呢？

1. 加强行业自律，完善规则管理制度

媒体报道显示，花钱购买微博热搜已经成为舆论炒作的常用手段，不仅可以依托第三方渠道，还可以直接向微博官方购买"热搜推荐位"，明码标价。其实，微博热搜榜与百度搜索盈利模式基本一致，这样虽能带来收入，但和百度类似，会面临较大隐患，审核疏忽会沦为作恶工具。这就需要社交媒体平台加强自律，能够吸取负面教训，在与娱

乐资本合作的同时，能够完善热搜榜规则和管理制度，不能过度追逐利益，破坏清朗积极的网络环境。

2. 及时介入监管，管控治理网络乱象

网络社会治理不能只靠行业自律，监管部门必须及时介入，加强行业管理，对于花钱买热搜的乱象进行强力管控治理，对典型案例必须要求整改。娱乐资本对网络舆论的操控，主要通过网络媒体和新媒体展开，对于这些媒体平台存在的管理乱象，只要查实就要积极处置，避免舆论操控给社会造成严重伤害，加强对媒体平台的引导，提醒其不要漠视社会责任。同时，对于盲目"蹭热点"并且发布猜测、煽动言论的自媒体，也应该持续强化管制。

3. 提升认知能力，引导民众理性思考

看到网络热点话题，自媒体都会疯狂跟进，而多数网民难有理性判断，只会一味盲从，被娱乐话题裹挟甚至利用，"沉默的螺旋"在社交媒体上更加明显，理性的反对声音很难得到响应，甚至会被"群攻"，热点话题能够轻易实现对舆论的绑架，娱乐资本稍微发力，就能让"热点"为己所用。面对娱乐资本日益频繁的操控，主流权威机构和媒体理应参与引导，逐步培养网民理性思考的习惯，对部分热点敢于质疑发声。唯有逐步提升网民的认知能力，鼓励网民理性思考，形成良好的舆论探讨氛围，才能帮助网民增强"免疫力"。

4. 健全法律法规，原则问题不容挑战

面对主流舆论的谴责和讨伐，娱乐资本为维护自身利益，甚至不惜动用各类媒体资源和社会力量参与"对攻"，甚至在国家安全和意识形态领域也不示弱，坚持错误的认知和态度。这就需要政府部门健全法律法规，完善网络社会治理相关法律规定，对于敏感危险言论要及时予以肃清，并且对支持错误观点态度的媒体平台进行整治，加强网络信息监管，原则问题不容挑战。

5. 扶持权威媒体，形成强大抗衡力量

自媒体的兴起，舆论泛化逐渐模糊公共领域和私人领域的界限，每个人手里似乎都有话语权，但要真正在社交媒体平台形成影响力却并非易事，想要"设置议题"则几乎不可能，话语权主要掌握在"网络大V"和营销账号手里，而他们的话语权又几乎掌控在娱乐资本手中，资本对自媒体的操控显而易见，而网络媒体和自媒体离网民很近，他们掀起的舆论狂潮给社会治理带来较大压力。这就需要加大对权威主流媒体的投入，让他们在网络空间更有话语权，离网民更近，在主流宣传、舆论引导和论战对攻时，能够成为抗衡娱乐资本的强大力量。

8.4　区块链技术应用的机遇与挑战

（一）区块链的发展及应用

区块链本质上是一种"分布式记账"（distributed ledger）技术，被认为是确保数据储存安全的最新方式。它不是将数据存放在一个中心化的地方，而是将其分布式地存储在网络节点中，每个节点都保存了整个区块链的全量数据，并同时使用强大的加密算法和协议组合维持交易产生和创建。

区块链的概念源于2008年，由署名为中本聪的人在《比特币，一种点对点的现金支付系统》中提及。2009年诞生了第一枚比特币，这也被称为区块链技术的1.0版本，即主要作为一种算法机械式生产和去中介化的全球化加密货币，是区块链最基本的应用，和数字现金有关，主要应用于代币发行、转账汇兑、支付、票据电子化等，但因其缺乏扩展性，无法满足用户构建更高级的应用。

2013至2014年，以太坊（Ethereum）出现，也就是区块链技术的2.0版本，它仍然依靠代币——以太币（Ether）运行，以太坊构建了一个开源的有智能合约功能的公共区块链平台，具有可扩展性。以太坊网络为实现不受任何限制和去中介化的全球化价值流动提供了可能，以太坊充当替代中心权威的一个信任机制，各种行业应用落地，对新闻和信息的生产、发布和消费有着特别的价值。

在这些技术基础之上，区块链技术将逐步向3.0版本演进，逐渐开启了它超越金融的应用，类似于ICANN、DNS类国际化、非主权管理组织。区块链在政府管理、医疗健康、科教文卫等领域实现一种去中心化自治社会（DAS）。而区块链技术匿名、去中心和多元参与的新特征使

得在区块链条件下的社会形态变得更加复杂，且难以把握。

当前，区块链广泛应用于资产发行、支付汇兑、存证征信等各个方面。相关应用场景主要包括加密货币发行、租赁和拼车、银行清结算和支付、整合通信、众筹和慈善捐赠、医疗保健等。区块链的广泛应用，将有可能对当前的互联网应用产生颠覆性的影响。

多个行业已经在区块链应用层面发力，有些应用甚至已经开始落地。比如，在金融服务、医疗健康、IP版权、教育管理、社会管理、文化娱乐等领域，基于区块链技术的解决方案正被提出和运用。去中心化、不可篡改、可追溯等特性，在新时期为我们构建了一种更为可靠、更加自主的协作范式，让我们依靠算法、机器和协议形成了良好的信任机制，必然成为降低信任成本、保证信息安全的最优选择。

（二）区块链给网络舆论治理带来的影响

1. 正面积极作用

（1）确保数据真实性，避免人为篡改。区块链技术可以提供一整套追踪信息来源的解决方案，从而实现媒体信源认证，最大可能地保证数据真实性。使用区块链技术发布的信息在被加密的同时，共享到多台个人计算机上，第三方机构很难进行篡改，而整个信息记录过程，可以很好地纠正报道者的刻板印象和媒体偏好。

（2）确保信息安全性，抵御多方力量干预。区块链技术让信息不可篡改，保证信息数据的安全性，即使存在政治、商业和技术等力量的干预，也能保证信息的安全性，避免信息易逝性消解，这些不会让信息出现偏差疏漏，进而影响受众的认知判断。

（3）保护版权，打击谣言。区块链技术可以很好地保护版权，能以数字签名和哈希算法对内容版权进行精准跟踪，从确权、用权、维权三个环节完整记录内容版权流转过程，相关应用已经展开，这有助于解决当前内容管理领域普遍存在的版权问题。而内容可追溯，则有助于打击网络谣言。

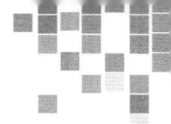

（4）提升内容交易效率，解决媒体经济危机。严肃权威媒体机构不仅遭遇信任危机，更遭遇收入来源枯竭导致的经济危机，影响力逐步下降，这对于网络舆论塑造无疑是不利的，而利用虚拟货币可以帮助媒体获得新的众筹商业模式，通过智能合约提升内容交易效率，寻求新的发展机遇。

（5）化解传播数据偏差，避免舆论恶意操控。在当前传播格局下，传播数据不透明，存在偏差现象比较普遍，很多数据难以被掌握，客观上导致网络舆论易被干扰和影响，真实的民意难以呈现，评论遭删除、网络水军等舆论恶意操控现象时有发生，区块链技术可以溯源、保真，能避免舆论操控。

2. 负面消极影响

（1）敏感信息创作和网络上传难以控制。在传统互联网中，敏感言论等信息创作和上传，可能会受到网络的限制，对敏感词和话题均能进行有效监管，而在区块链技术下，敏感信息创作和上传拥有了避风港，区块链特性将让这些敏感信息传播处于失控状态。

（2）信息审查难以开展，处置机制失效。去中心化特性，直接将中心化集中管理模式击溃，信息审查基本难以展开，而数据不可篡改、匿名性，则让审查处置处于失效状态，及时通过技术手段能够追溯到源头，甚至做到匿名用户与现实用户关联，也难以对信息数据进行删除或者篡改，处置难以进行。

（3）保留全量数据链条，负面信息长期存在。当前传播常态是随着时间流逝，信息也在加快消解，但区块链技术将彻底扭转这种现象，信息将保真、安全地固存下来。这就意味着负面、有害、敏感的信息将长期存在，只要愿意查询，就能看到这些信息源和传播情况。

（4）不实信息难以澄清，辟谣纠偏效果有限。去中心化、不可篡改等特性，让不实信息很难得到澄清，即使可以很快溯源，但由于难以删除，辟谣内容难以覆盖到目标群体（已阅读谣言者），这会导致谣言负面影响持续下去，即使辟谣成功，由于不实信息难以删除，后续影响

仍然存在。

（5）由小众走向大众化，管理机制恐将迟滞。在当前技术条件下，区块链信息是通过链接到社交媒体的方式来传播，在传播领域的影响较小，尚处于小众化阶段。但该技术运用非常简单易学，也有人在开发上传小程序。随着黑客、极客、宗教、政治、社会组织的介入，一旦技术成熟，借助重大事件就会全网科普、迅速传播，网民就能在区块链上完成信息生产、传播全过程，区块链会在传播领域，由小众向大众化挺进，而对技术的管理，往往难以做到及时有效，而可能到来的监管真空期，带来极大的不确定性。

（6）匿名性造成失序失范，导致管控无法展开。区块链的匿名性显然比传统互联网的匿名性更为复杂，涉及非对称加密算法等技术，对于个人而言，这能保证较高的安全性，但对于管控而言，这无疑会造成失序和失范，由于技术难以对应到现实中的发言者和传播者，利用严管敏感或犯错（罪）群体，用约束这类群体的言行，来倒逼实现区块链管控的方式将无法展开。

（7）自组织社区大量出现，跨区域跨境组织管理难。每一个区块链组织实质上就是一个自组织机构。大量私有链的产生就形成了大量自组织机构，这些机构把组织规则写入了区块链中，保持了组织规则的有效性和机密性。这些技术若被犯罪团伙、涉黑组织、宗教机构、政治组织利用，将对社会稳定产生隐患，甚至有颠覆政权的危险。

（三）区块链发展策略

1. 开展技术监测及分析工具研发

交易产生及区块链创建，对于外部人员虽然是不可修改、匿名，难以防范，但通过技术手段，可以实现及时抓取、及时解读，从而达到及时掌握。尤其对于已经形成规模，产生了全球性影响的比特币、以太坊、博雅数据等，可实现全数据抓取入库，在开发相关技术的基础上，

基本可以实现主要数据的监测和预警，并且通过对交易、流转数据的监测，建立风险人群（技术、言论、商业等）数据库。

在此基础上，结合互联网信息和通信技术，可以尝试对匿名用户与实际用户的关联（欧美国家已有成功案例），结合社交网络行为轨迹、社会关系，分析研究其现实活动行为，从而达到"暗网—明网—现实"的结合，以至现实管理。

2. 确立"以技术管技术"的工作宗旨

在高度重视的基础上，要开展相关技术和应用的专项研发，开展"技术监管技术"的开发研究，不仅要做到"我知道"，还要力求"我专业"，并且"我可以"。紧密把握区块链整个技术发展过程，尽早规范区块链运行和使用。像对待其他互联网产品一样，对区块链产品的运行规则和技术标准、产品标准等，及早研究介入，适时推出国际标准，抢占先机，争取主动。

着手相关法律法规的制定，有计划、有跟进地开展相应的监管体系建设。目前，区块链分为链圈、币圈。链圈主要集中在技术的开发与探索，而币圈已被别有用心者用在了黑恶交易、金融诈骗等行为。除国内已被破获的案例之外，更多的是跨国跨境犯罪行为，着手法律法规设计已迫在眉睫。

3. 政府"上链"，参与节点建设和社区维护

"上链"不仅意味着"知情权"和"运营权"，也意味着管理权。随着技术的成熟与普及，个别行业、企业上链已正在进行中，由于管理界限不清，技术学习有一定难度，掌握的积极性不高，加之区块链所造成的现实麻烦尚未突显，许多部门还没有足够重视。

以算力、存储、监控等角色参与区块链的构建，探索合适的参与角色和管理机制。在充分重视的基础上，政府尽早介入，除取得技术主动权外，还可以评估区块链的发展过程，把握"自组织社区"的发展规律，优先布局，取得先发优势，避免区块链借重大事件爆发时，主管部门和管理者找不到阵地，措手不及。

8.5　网络及信息领域安全风险

　　网络安全从其本质上来讲就是网络上的信息安全。从广义来说，凡是涉及网络上信息的保密性、完整性、可用性、真实性和可控性的都属于网络安全领域，如个人信息泄露、病毒入侵导致系统瘫痪、非法有害信息肆意传播、程序漏洞等安全问题，互联网的开放性使这些问题不断地出现并影响网络安全环境，为网络安全的维护带来了许多困扰。习近平总书记在中央网络安全和信息化领导小组第一次会议上提出了网络强国战略思想，指出互联网等信息网络已经成为信息传播的新渠道、生产生活的新空间、经济发展的新引擎、文化繁荣的新载体、社会治理的新平台、交流合作的新纽带、国家主权的新疆域。当前，我国正处于全面建成小康社会决胜期，挑战与机遇并存，必须要加强防范网络安全风险，提前识别并及时化解风险，做到居安思危，确保网络环境安全、健康发展。

（一）网络信息领域存在的安全风险问题

1. 网络信息安全立法滞后

　　由于信息技术的快速发展，与社会多方面的快速融合，大量的信息在互联网上进行流通传播，这在为社会生活提供诸多便利的同时，不可避免地会侵犯到他人的合法权益，甚至在意想不到的情况下，威胁就已经出现了，一旦发生，常常措手不及，造成极大的损失。因此，互联网的发展带来了诸多新的国家安全问题与社会问题，现阶段诸多网络信息安全问题与犯罪，如国家机密泄露、个人隐私泄露、网络诈骗、电信诈骗及更多新兴网络安全问题、社会问题均与现行的网络信息安全立法制

度不健全、不完善密切相关。

互联网诞生时，由于缺乏对互联网开放性的限制，世界各国并没有构建明确的网络安全法律法规体系，至今尚无可借鉴的网络安全立法经验，加之我国立法滞后、立法过程冗长，现行的信息网络安全法律体系难以适应信息技术发展的需要，以及日益严峻的网络安全问题，以上均是形成此风险的重要原因。

2. 缺乏指导性政策，部分技术领域网络信息安全缺少明确的评价标准

随着计算机技术的迅速发展，在计算机上处理的业务也由单机的数学运算、文件处理、办公自动化等发展到基于复杂的内部网、企业外部网、全球互联网的企业级计算机处理系统和世界范围内的信息共享和业务处理。但在信息连接、流通能力提高的同时，基于网络连接的安全问题也日益突出。虽然我国已经提出尽快在网络安全维护的核心技术上取得突破、统筹网络安全基础设施建设，并加强了对关键性基础设施、关键性进口技术产品的审查工作。但审查范围只涉及国家重大工程和核心关键部分的进口技术产品这些领域，由于信息技术、信息网络已经逐步渗透到各行各业、各个领域之中，而我们的技术审查工作并不能全部覆盖所有信息技术领域，这无形中加大了网络安全的风险隐患。虽然全国信息安全标准化技术委员会提出的《信息安全技术云计算服务安全能力评估方法》等8项国家标准相继出台实施，但其中缺少对网络信息核心技术安全审查指导性政策，尤其是相应技术评价标准的制定。目前，各行各业在审查过程中各自采用自己的标准，缺乏统一性，这必将带来重大的网络信息安全风险隐患，需要尽早化解。

3. 对大规模社会工程爆发的风险隐患缺乏必要的防护措施

社会工程，是指以人为攻击对象，对信息系统进行掌控与利用。黑客借助进化给人们带来的个体固有思维模式和群体协作模式，辅之以情绪化的反应，达到不可告人的目的。以往社会工程的目标，大多局限在经济利益范畴。但是，近年来，我国计算机技术发展速度飞快，互联网技术的使用已经深入到生活的方方面面，如四大骨干计算机系统网络已经建成，电子商务系统已经开通，学校校园网已投入使用，手机支付的普及，电商规模的扩大等，都出现了前所未有的规模化创新，将整个社会结合成了一个由人与技术紧密联结的巨大生态网络环境。然而许多互联网技术应用系统却始终处于防不胜防的状态，或者即使采取一定的防护措施也不见得非常有效。在这样的背景下，基于多方面领域的利益驱动，大规模社会工程事件的集中高强度爆发这一安全隐患随时可能出现。

4．数据长期安全保存战略缺失

随着大数据时代到来，国家政府机构、科研机构、企业、学校等多种类型组织在其治理、监管、科研、运营的过程中，产生并存储了海量数据资源。信息网络资源已经成为影响和决定社会发展的一项重要战略资源，也是衡量一个国家综合实力的一项重要标志。

这些海量数据在各类组织履行其职能过程中发挥着重要价值，各类组织均制定有规范的数据保存制度，但更多还是停留在短期（5~10年）的保存，而缺少基于战略角度的长期保存机制。

这些作为人类文明发展阶段的重点、战略资源的数据如果得不到长期的有效保存，一方面，将会存在人类文明记忆缺失的重要隐患；另一方面，其潜在战略价值将会得不到利用，进而可能给我国长期国家治理、社会安全带来重大潜在隐患。

5．缺少网络信息安全的高效协调联动机制

我国网络信息管理体制实行的是条块状的系统管理体制，各个行政机构负责自己单位的网络信息安全管理，因而整个网络信息安全管理一直处于一个分散化的状态，缺少统一的、专门的具有高度权威的网络信息安全管理机构，这就导致了既不能大范围地对网络安全进行监管，防患于未然，又不能及时发现安全问题，立刻有效解决，如境外情报机构黑客的恶意攻击和网络病毒大规模的侵害，这类大型网络安全问题仅仅靠各机构去自行监管、自行处理，是远远不够的，一旦造成大规模网络

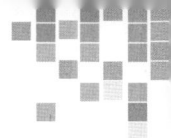

系统瘫痪，甚至会危及国家安全，只有建立一个专门的网络信息安全管理机构，才能有效地协调各部门之间的网络信息安全工作，才能制定相关政策，实施重大决策，保证网络信息安全防范工作的有效开展。

（二）网络信息风险防范

面对以上网络信息安全潜在的诸多风险，国家应提前谋划，通过加速立法进度、加快指导性政策制定、加强行业监管、加大创新性机构设立，提前谋划、尽早化解，以化解决胜阶段所存在的重大信息安全风险，对全面建成小康社会具有重大意义。

1. 全面规划、加速立法进度，逐步形成全面、系统的网络信息安全法律体系

法律具有权威性和严肃性，为保证网络信息安全，用户权益不受侵犯，应健全、完善网络信息安全法规，严格规范网络行为，对网络犯罪案件依法惩处，不让犯罪分子钻法律的空子；在既有《网络安全法》《保守国家秘密法》等相关领域立法基础上，制定更为全面的《信息法》《电子信息出入境法》《电子信息犯罪法》等，以加强信息网络安全法律体系的协调性、整体性，通过这些法律法规对计算机硬件、软件及网络数据进行法律保护，保证网络信息安全运行和合理使用。建议由全国人大宪法和法律委员会牵头，由工信部、商务部、公安部、科技部等部委共同商议，加快建立、健全快速适应信息化、数字化环境的网络信息安全法律制度体系。该法律制度体系应具有前瞻性、系统性、全面性，并通过立法来促进和引导网络信息安全行业发展。

2. 加快关键性网络信息技术核心领域产品的安全审查指导性政策制定，同时加快该方面的安全审查标准制定与实施

建议全国信息安全标准化技术委员会在《信息安全技术云计算服务安全能力评估方法》等8项国家标准基础上，由工信部、安全部、公安部组织相关专家，尽快对正处于征求意见阶段的其他核心领域网络信息技

术产品安全标准进行完善。同时，有些不宜公开的技术标准（尤其是涉及关键性核心技术），建议在小范围内征求意见，并尽快实施。

与此同时，建议相关部门着手制定与以上诸标准相关配套的核心领域网络信息技术产品安全审查政策与制度，一方面是加强对网络知识产权的保护，另一方面通过统一评价标准，尽早化解重大的网络信息安全风险隐患。

3. 重视网络信息安全人才培养，实时监控安全状态，化解大规模社会工程爆发的风险

提高网络信息安全管理水平，防止大规模社会工程爆发的风险，第一，要重视网络信息安全人才的培养，网络信息安全是运用高水平的技术手段进行网络管理的，我们想要提早发现隐患，迅速化解危机，就需要一定的高水平技术人员去处理危机，只有我们自己拥有高技术水平人才，才能真正确保我国的网络信息安全；第二，建议国家安全部门使用专业技术安全团队在暗网潜伏，目的在于了解目前被交易的用户隐私信息规模数量，实时监控，占据主动，防患于未然，一旦出现问题，及时以必要手段阻断可能对社会造成重大影响的交易；第三，加强国内或在国外投资建设的基础水电等大型民用设施的工业信息系统安全，重点加强电力网、水网、天然气网络以及大型水电站、火电站、核电站、铁路交通、海运、航运等工业信息系统的安全态势，防范突发的网络安全攻击对社会的危害，将中、大型城市的基础民用信息化设施列为重点保护目标。

4. 制定国家数据长期安全保存战略

网络的核心是数据，数据一旦遭到破坏或丢失，后果不堪设想，要想长期保存数据，一方面，建议由科技部、文化和旅游部、商务部、安全部、公安部牵头，成立国家大数据专门保存机构，对各方面具有战略价值的数据进行有效长期保存。建立该机构作为国家直属的独立部门，具有较大的数据收集与获取权限，树立机构的权威性，同时，制定与之相配套的数据收集与保存法律制度，以提升其战略重要性；另一方面，

应做好数据备份工作，建立数据备份方案，对服务器数据进行定期备份，及时更新备份方案，同时，定期对网络服务器进行安全检查，修补漏洞，确保数据安全。

5. 加强网络信息安全教育，提高网络安全意识

提高公众网络信息安全意识是做好网络信息安全工作的基础，只有努力提升公众的网络信息安全意识，各项网络安全的措施才能真正发挥作用。要加强对公众进行网络信息安全教育，将网络信息安全意识、基本技能等纳入大学、社会教育体系之中，通过宣传网络安全常识、定期举行网络安全相关培训和宣讲会等方式，增强公众对网络信息安全的忧患意识，提升对网络安全的关注度。一旦网络安全受到威胁，我们的所有数据信息将会瞬间毁于一旦，造成不可估量的损失。当前，必须积极做好防范措施，保障网络信息安全，特别是将金融、军事等部门作为网络信息安全监管的重中之重，并逐步扩展到其他系统，形成一个强有力的网络安全防范体系。

6. 建立高效的网络信息安全协调联动管理体系

为了保证国家对网络信息安全工作的集中统一领导，我国应建立一个网络信息安全应急管理机构，统筹网络安全管理事项，协调各部门单位之间的网络安全管理工作，同时，扩大国家计算机安全应急处理中心的管理权限，并在各级机关单位都建立专门的网络安全管理部门，保证网络信息安全管理工作全范围覆盖；还可以建立高水平、高质量、精通电子信息技术的刑侦队伍，能够大幅度提升我国对高技术网络犯罪的预防和侦破能力，为我国网络安全保驾护航，从而提升网络安全水平。

8.6　网络安全治理国家战略

　　2016年12月27日，国家互联网信息办公室发布《国家网络空间安全战略》（以下简称《战略》），这是我国首次以国家战略文件的形式阐明中国关于网络空间发展和安全的重大立场和主张，明确战略方针和主要任务。《战略》的公布，受到国内外广泛关注和多方解读。该战略文件的发布，对指导我国网络安全工作，推进国家治理体系和治理能力现代化具有重要促进意义。

　　第一，《战略》是指导国家网络安全工作的纲领性文件，意在从"顶层设计"为国家网络空间安全保驾护航。《战略》的发布，标志着中国作为世界网民数量第一的网络大国和经济体量全球第二的经济大国，实现了网络空间安全的战略配置，是中国从网络大国走向网络强国的标志性事件和里程碑文献。首先，《战略》传承了习近平总书记关于网络强国建设的系列思想，凝聚了众多专家学者长期研究的重要成果，首次明确了中国网络空间安全战略的基本方针和主要任务，是指导国家网络安全工作的纲领性文件。同时，《战略》阐明了中国关于网络空间发展和安全的重大立场与核心主张，将以"胸怀网络世界、强健开放中国、建立有序空间"的格局、道义和力量，提升中国乃至世界网络空间安全水平，通过网络中国繁荣世界的美好愿景，构建人类社会网络空间命运共同体。其次，《战略》以总体国家安全观为指导，阐明了中国关于网络空间发展和安全的重大立场和主张，明确了建设网络强国战略方针和主要任务，是贯彻落实习近平总书记网络强国战略思想的重要成果，是指导国家网络安全工作的纲领性文件。再次，此次发布的《战略》就是直面网络安全现实威胁和挑战，着眼实现网络强国目标，从战略层面所作出的顶层设计，其目的旨在增强风险意识和危机意识，积极

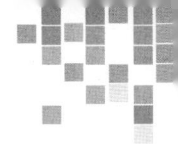

防御、有效应对，推进网络空间和平、安全、开放、合作、有序发展，维护国家主权、安全、发展利益，实现建设网络强国的战略目标。2016年是我国网络安全立法与网络空间安全顶层战略规划的元年，继2016年11月7日十二届全国人大常委会第二十四次会议表决通过了我国首部网络安全法之后的仅一个多月，12月27日，国家网信办发布我国首部《战略》。作为我国网络空间安全的纲领性文件，《战略》整体构建了维护网络空间和平与安全的"四项原则"，即"尊重维护网络空间主权、和平利用网络空间、依法治理网络空间、统筹网络安全与发展"。最后，《战略》的发布是我国政治生活中的大事，也是具有国际影响的大事，势必引发广泛关注。《战略》是代表中央发出的新的建设网络强国动员令，是向国际发布的中国在网络安全方面的宣言书。公开我国现阶段的战略部署，体现了透明精神。《战略》也昭告世界中国捍卫国家安全和网络安全的坚强决心，及与国际合作共同建设和平网络空间的善意和愿望。更广泛地说，该安全战略进一步加强了上个月通过的《网络安全法》，该法律已在人权组织和外国公司中引起关注，同时，安全战略是简化互联网法规的更广泛努力的一部分，表明了在加强对国内数字活动控制上，网信办将要采取的做法，而目前国家对数字网络空间的管理能力和预见能力有了更大的提升。

第二，依法治网是推进国家治理体系和治理能力现代化的重要环节和内在要求。十八届五中全会进一步提出，"十三五"期间"各方面制度更加成熟定型，国家治理体系和治理能力现代化取得重大进展"。很显然，在现实时空与网络时空的平行交叉中，"现代治理能力"不仅指向实体的生活场景，更涵盖了网络社会与网络生活。如何通过法治手段实现对网络社会的有效治理，已经成为推进国家治理体系和治理能力现代化的重要一环，甚至可能成为国家治理体系和治理能力现代化的重要着力点和突破口。把握网络社会的特征，进而实现治理创新，同时也是全面深化改革的重大课题。实现治理现代化目标的一个路径是社会共治。网络社会比实体社会更需要强调社会共治。网络社会的虚拟性、与实体社会的不可分割性、公众参与的广泛性三个特征指向的治理模式就应当是共治。首先，网络治理法治体系孕育于社会主义法治体系，贯穿于建设社会主义法治国家、实现依法治国战略目标全过程。所谓网络治理法治化，是指立足中国国情和实际，适应"四个全面"战略布局和推进国家网络治理法治化、现代化需要，集中体现人民意志和社会主义属性，网络治理要素、治理结构、治理程序、治理功能纳入法治范围及运行轨道协调统一的有机综合体及其治理过程。其次，应围绕国家治理体系和治理能力现代化，聚焦网络空间发展和使用中的关键问题，力争用3~5年时间，构建良性运行的国家网络空间治理体系，形成国家对网络基础设施管辖和控制能力、网络舆情驾驭和网络文化传播能力、网络安全主动防御能力、网络空间国际影响能力，逐步实现从"外在管网"向"内在治网"的转变。最后，依法加强对网络空间内容的管理，是国家治理体系和治理能力现代化的客观要求，建设完善现代治理能力体系，在信息革命的背景下，必须也必然涵盖网络空间内容的有效管理。

第三，实现依法治网的前提和基础是始终坚持和捍卫网络主权与数据主权，通过法制规范，把网络主权落到实处。首先，数据主权保护是网络治理的现实选择。我国已成为互联网应用第一大国，也将是数据创造第一大国，数据主权亟须保护。当前，我国应大力开展数字经济外交，在联合国框架下推动建立新的全球网络空间治理体系，通过信息安全立法，对内强化我国国家关键基础设施的信息安全，对外加强多边合作，推动形成数据保护利益共同体。其次，网络主权是随着网络时代发展，国家主权在网络空间的自然延伸，网络主权是网络社会国家发展和利益维护的基础。未来的网络治理规则建构中，必须始终坚持网络主权：一方面，必须立法保障我国具有独立的管理权，防止在网络空间管理层面受制于人；另一方面，确保在我国管理范围内网络空间秩序稳定和健康发展，网络整体运行秩序符合我国的整体利益和主流价值理念；同时，加强网络数据主权的维护。通过立法方式对在我国境内产生、流转、储存的数据进行管理，防控数据风险。再次，国家主权是一个国家

独立自主地处理对内对外事务的最高权力，是国家的固有属性。"网络空间主权"是国家主权在网络空间的继承和延伸，必须得到各国的尊重和维护。从次，《战略》对外鲜明阐述了中国关于网络空间安全和发展的重大立场，对内能够对国家网络安全工作进行有效指导，表明我国坚决维护网络空间主权的决心，也说明未来国家在维护网络空间主权方面将会协调各方资源、加大工作力度。最后，《战略》明确地对外部世界表明态度，中国将利用经济、法律、外交及军事措施维护本国网络空间主权，"网络空间是国家主权的新疆域"，中国将"建设与我国国际地位相称、与网络强国相适应的网络空间防护力量"。

第四，坚持网络主体共同参与治理，强化网络平台责任是推进网络治理体系和治理能力现代化的重要环节。近年，某电子商务企业安全部门与绍兴警方联手，会同全国二十余省公安机关数万警力，成功破获"8·14"盗号专案。这是警方近年来处置的最大的个人信息安全案件之一。这种网络空间治理模式，可称之为网络时代的新"枫桥经验"，这是典型的互联网条件下的群防群治，是社会治安综合治理进入网络时代的最新发展，也是对"枫桥经验"的进一步丰富。首先，网络新"枫桥经验"的意义是社会治理模式面对以互联网为代表的第三次技术革命挑战，而做出的适应性变革。其次，在互联网立法中应该推行民主立法，也就是立法机关主导、社会各方有序参与。这是因为，互联网的发展对现实社会的改造程度和影响都很深入，在确定相关立法的时候要调整的社会关系也非常多样，且涉及不同利益的相关主体，这就需要企业、消费者、政府共同参与整个立法进程，而不能只听其中一方的意见。只有在立法机关的主导下，促进各方积极参与，进而平衡各方的现实利益，才能使互联网发展得更好。再次，应进一步加大对诸多网络服务提供商的管控和制裁力度。"网络平台责任"在网络空间化时代不可回避。网络平台本身可视作网络空间中的"准政府""准国家"，网络运营商的服务和服务的实际效果超越国界，它提供着网络社会的生存平台，事实上承担着"网络社会"的部分管理职能，必须承担起必要的社会责任，尤其网络空间治理责任。复次，当前，我国网络空间治理以政府部门的行政监管为主，各主体共同参与的治理机制尚未形成。一是政府部门的管理权限存在一定交叉，不仅造成了政出多门、决策分散，且容易出现"越位""错位"等现象；二是企业和行业组织的作用发挥不足。例如，在网络安全威胁治理方面，相当多的企业在网络安全方面投入不足，因防护措施不力招致的网络攻击和用户隐私泄露不在少数；三是网络用户的意识和参与治理的积极性不高。又次，要把握网络社会的特征，进而实现治理创新，同时也是全面深化改革的重大课题。实现治理现代化目标的一个路径是社会共治。网络社会比实体社会更需要强调社会共治。网络社会的虚拟性、与实体社会的不可分割性、公众参与的广泛性三个特征指向的治理模式就应当是共治。最后，网络安全治理是一项系统工程。与传统安全相比，网络安全更具多元与跨界特点，这要求其治理模式须破除条块分割状态，构建"全政府、全社会"参与的全流程治理体系。与网络安全的复杂特性相适应，网络安全治理必须突出系统性建设，逐步建立起政府主导，公私合作，全社会参与的管理模式。此治理体系中，政府需要积极发挥组织、指导职能，调动各利益攸关方参与治理的积极性，提升全民网络安全防范意识，构筑健康网络安全文化。

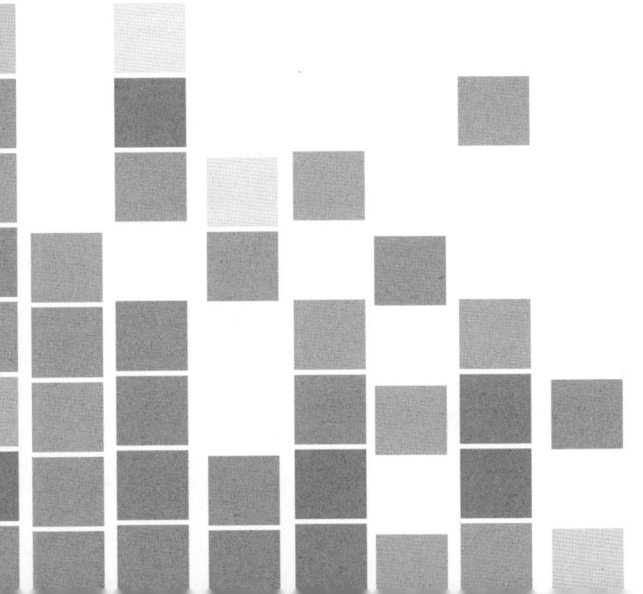

第九章　中国城市公共服务和城市治理
　　　　指数体系

9.1　中国城市政府治理和公共服务指数

中国城市政府公共服务和城市治理指数，简称中国政府指数（China Government Index，简称CGI）。

以中国政府指数为前导的新一代智慧政务服务体系旨在创新我国的政府信息化、政府治理、公共服务，引领我国电子政务的建设、应用进入以服务为核心的新阶段；同时，通过为数字政府、智慧政府提供服务和支持，实现在不触及我国法律法规、规章制度、政策规定的前提下，极大丰富政府资源，提升政府能力，为互联网+政务服务、互联网+监管等提供强大基础设施、技术资源和运行服务支持的目的。

以态势感知为核心的新型电子政务应用体系

这一体系由中国城市政府指数、自启动机制和工具包、电子政务服务平台以及政府大数据线上线下融合落地4个部分组成。

中国政府指数是由北京大学电子政务研究院开发、发布用来监测、

描述、评价中国城市政府政府治理和公共服务状态的动态量化指标体系。指数品种依据城市政府的职能、职责设立，涵盖政府治理和公共服务各个方面，包括用于监测政府治理和公共服务总体状态的一级指数和用于反映、标识政府各个职能、职责部门运行状态的二级指数。全部开发完成后，指数品种总数将达百种以上。

指数按照各类指数性质、功能的不同，采用持续发布、分步定时发布和定制发布等形式公布。

中国政府指数利用定量和定性相结合的方法，是连续、动态的城市整体运行状态评估体系。该体系将为现代政府治理、公共服务、民生服务均等化、城市经济发展、城市应急和社会重大风险防范与化解提供重要的决策参考。

中国政府指数共分为三级指标，指数品种超过一千种。

一级指数主要满足城市政府治理和公共服务状态的总体描述和监测需要，通过指数测量、排名，对城市政府的治理绩效和公共服务水平、能力进行测量、排名。一级指数采用年度定时发布方式公布。

二级指数主要针对各级政府监测、控制各个职能部门运行状态的内部管理需要设立。同时，二级指数还具有数字化实时风险预判、监测、评价和政务公开功能，能够成为各级政府加强内部管理、运行控制和业务运行自启动的工具。二级指数采用模块化（即依据相关法律法规规定而形成的职能模块）分步定时发布和定制发布形式公布。

中国城市政府指数品种众多，指数发布工作量大、涉及面广，这一特点决定了指数发布将采取一级指数年度总发布，二级指数季度、月度轮流发布，线上线下发布相结合方式，全年度持续进行。

指标体系的建立需要重指标，还需要重评价，并建立相应的状态阈值等。对综合指数构建归一化后可以进行百分制打分，将结果离散化，分成4个等级，如按照运行健康程度分为100～85（红色），84～76（橙色），75～66（黄色），65～0（蓝色），直观标注指标状态。

9.2 中国城市政府治理和公共服务指数价值

中共十九届四中全会做出了"推进国家治理体系和治理能力现代化"的决策，明确提出"建立健全运用互联网、大数据、人工智能等技术手段进行行政管理的制度规则"，"推进数字政府建设"。十九届四中全会决议将"坚持和完善中国特色社会主义行政体制，构建职责明确、依法行政的政府治理体系"列为"坚持和完善中国特色社会主义制度、推进国家治理体系和治理能力现代化"的重要内容，要求各级政府"优化行政决策、行政执行、行政组织、行政监督体制"，"创新行政方式，提高行政效能，建设人民满意的服务型政府"。

中国政府指数依托我国多年来政府信息化、智慧城市建设的技术基础和资源积累，以数字化、大数据为主要方法，通过构建城市政府治理和公共服务运行的实时、动态数字"镜像"和政府数字画像，在丰富政府治理和公共服务数据资源的基础上，为政府提供作业的信号系统及其相关机制和工具，最终实现完善治理体系、提高治理能力和改进公共服务的目标。

中国政府指数开发和应用所使用的互联网、智慧城市、大数据、人工智能等技术和资源，对中国城市政府治理体系的完善、治理能力的提升和公共服务质量的改进具有重要的价值。

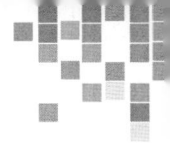

9.3　中国政府指数数据收集和技术实现

　　中国政府指数依据城市政府治理和公共服务的职能、职责、事项设立指数。设计共划分为五大部分：政府治理、政务服务、城市影响力、新技术与新经济、社会组织发展与社会服务。每个部分下设相关版块，共涉及144个数据项。（以2019年中国政府指数收集情况为例）

　　数据项需要采集278个地级市政府的政府工作报告、国民经济和社会发展统计公报、2018年全市和市级预算执行情况及2019年全市和市级预算草案的报告以及2018年国民经济和社会发展计划执行情况及2019年国民经济和社会发展计划草案的报告等。

　　在熟悉前期的数据需求后，根据政府的公示报告以及与相应指数的研究人员论证与讨论，并应对每个版块指数进行爬虫、搜索引擎、相关网站、相关论坛和人工的辅助查找，最终提炼出相应的数据出处，制定出相应的版块以及版块下属指数的数据出处规则，绘制成指数规则表。

　　根据各项版块的指数规则表，最终确定大部分数据出自各个地级市的政府网站、人大网站、中级人民法院网站、政府信息公开网这几个主要搜寻网站中的政务公开、工作报告、统计年鉴、预决算信息、政府会议等版块。

　　而其他相关辅助数据来源包括但不限于各省、地市、部门政府公开统计数据、报告、新闻等，社会网络各类政府相关新闻源、数据等，政府对社会开放的有关大数据数据源，相关部门提供的各类政府公开数据，其他社会机构提供的数据源。

　　中国政府指数通过统一的计算体系和指标体系，由各类数据综合分析形成，所有的数据来源于各城市相关政府机构、企业管理、公共服务等机构发布的公开数据，因此数据来源真实、有效、权威。数据分析方法通用且普适，指数评价体系和方法、数据分析方法和各因素加权体系均按照统一的模型进行考量，所有分析、诊断和排序在过程和结果产生前后均不进行人工干预，以此确保评价体系的客观公正。

由于指数要求数据量大，导致需要搜寻的各地级市网站量庞大，又因为各个政府网站结构复杂多变，均不统一，各个网站信息数据出处差异大，这就对统一爬虫体系的构建带来了巨大的困难，因此采用合适的爬虫体系和适当的爬虫方法就显得尤为突出。

中国政府指数的数据搜集采用爬虫加人工相结合的方法，对于网站结构相近，数据出处统一的数据，采用分布式爬虫和浏览器模拟两种技术进行数据采集。而对于网站结构复杂，数据出处不明朗的数据，则采用人工搜集和寻找相关论坛来辅助搜集数据。

取到数据来源文本后，对于搜寻和找到的数据、文档，进行清洗，对网页或者数据中的广告、版权等与指数数据无关的垃圾信息进行剔除和筛选，去除多个数据来源中数值相同值，对一个检测指数中，个别数据存在异常的进行统计，追寻数据存在异常的原因，将存在遗漏信息属性值的进行记录。对清洗完成后的数据，基于ES分词、关键词、语料（知识库）、NLP（自然语言处理）、地区等分析方法对各个版块的数据进行解析，分类统计，设定标签，最后存入数据库。

指数的制作过程中，对数据库中的数据，技术人员通过统计分析软件，对一些数据指标进行了缺失值填补，异常值处理以及重复值的剔除等操作，最后结合相关统计学原理，运用Powerbi建立度量值、M函数、分箱化处理等，对指标做了诸如环比、同比等一些相关计算，最终得到一批高质量的中国政府指数原始数据及指标。

9.4　中国政府指数的实现方法

（一）中国政府指数数据

　　包括政府公开的各类数据、行业分析数据、学术科研机构数据、电信运营商数据、互联网公开的各类数据（包括自媒体数据）以及政府提供的内部业务数据。利用定向爬虫机器人，对目标网站进行数据抓取，再对采集到的数据进行结构化处理，同时利用语义分析和自然语言处理技术、知识图谱、机器学习等方法对所有原始数据进行清洗和预处理，并生成指数分析所需要的基数据。

（二）文本数据碎片化处理

　　对于采集到的文本数据，先将非结构化文本数据通过中文分词、实体抽取等技术进行碎片化处理，并将处理后的数据整理为可统计分析的结构化数据。

　　通过设置动态关键词作为分词词典，包含政府治理（如空气污染物、治安等）、公共服务（如交通、教育等）、影响人群（如学校）、主体名称（政府办事机构）等。通过中文分词技术对采集政府公告、新闻、公开出版物、研究文献进行分析。同时统计动态关键词进行分析。

　　将采集的文本信息中机构名、专有名词等通过实体抽取技术进行提取，对实体对应关键数据形成数组进行存储，存入数据库中。

（三）数据有序化

数据清洗工作完成后进行数据转换和归约。

现实中采集的原始数据很多可能都是杂乱的、不完整的、有噪声的，常常还有多种不同类型，而且往往是高维度的，也就意味着有极多的可测量特征。在数据分析步骤之前，必须对数据进行预处理，这样可以提高需要分析的数据质量，从而提高数据分析的效率和效果。

数据预处理包括两个部分：数据准备和数据归约。

把杂乱、有噪声的原始数据集变成具有标准形式、优化后的分析数据集，要经过清洗、转换（数据准备），如果是大型数据集还需要进行缩减（数据归约处理）。

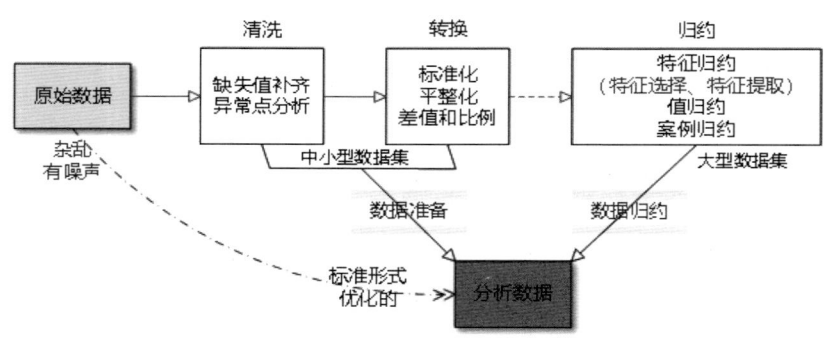

数据预处理过程

数据清洗（Data Cleaning）过程将数据集中的噪声数据识别、删除，同时纠正不一致的数据。错误的数据容易干扰数据分析过程的正常进行，甚至导致结果的准确性降低。包括两个部分：缺失值补齐和异常点分析。

数据转换（Data Transformation）操作，是指将数据源数据变换为适合数据分析的数据形式。有三种方法：标准化、数据平整、差值和比例。

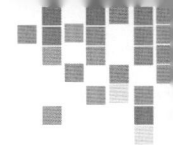

数据归约包括三种方法：特征归约、值归约和案例归约。常用方法包括因子分析（FA）、独立成分分析（ICA）和多维缩放（MDS）。从数据中删除大多数非相关特征和冗余特征，选择出相关特征的一个子集就是特征选择。需要对特征的重要性进行计算并排序，然后根据排序确定选择哪些靠前的特征。常用的有Relief算法、熵度量方法、主成分分析等方法。值规约就是减少已知特征的离散值数目。传统的离散化是根据以前特征知识手工完成，而在自动离散化用均值和众数将值进行分箱处理，另外还可以用X^2统计进行自动离散的ChiMerge技术。

（四）数据分析

通过不同统计分析方法，利用BI等技术对预处理过的原始数据进行统计运算，得到平均值、发展速度等，并进行可视化演示。对于采集并且结构化后的数据，分析从两个方面考虑：一个是甄别数据唯一性和准确性，一个是自启动机制发现与优化。

（五）数据甄别

利用文本语义分析、知识图谱等一些模型来分析某些数据合理性，进行多源数据甄别，以确定数据的合理性。通过语义分析，得到描述对象及相关数据是采集指标中需要的内容。通过知识图谱建立概念、实体等，实现对挖掘数据精确性要求和聚焦。

（六）指标选择和指标形成

从法律法规、政府机构三定方案、工作流程等文件中梳理出最小职能，并用指标来描述。如北京市政府职能经过梳理共有1730项，每一项职能的状态都可以用具体的指标相对应并对其作业状态进行描述。通过对公共管理、政府管理等从理论高度和政府实际工作中关注内容抽象出主要指标形成第二级指标。再通过政府对城市管理和服务职能中梳理出的指标，根据其与主要指标（二级）匹配程度进行选择形成支持指标（第三级指标）。针对不同主体和对象，指标需要从宏观、中观、微观三个维度去描述，对城市政府的作业评价来说，后两者尤为重要。

指标的选择是从时间维度、状态维度、统计维度来构成多维度、多方位合理体系结构。（见表2）

表2　部分中国政府指数对应部门

中国政府指数（Ⅰ）	市委\书记	所有部门
城市综合指数（Ⅱ）	市政府\市长	所有部门
产业综合指数（Ⅱ）	市政府\市长	经济运行管理部门
民众综合指数（Ⅱ）	市政府\市长	所有公共服务部门
形象指数（Ⅲ）	宣传部	所有公共服务部门
和谐指数	城市管理	所有公共服务部门
发展指数	发改委	所有公共服务部门
宜居指数	住房和建设局	所有公共服务部门
环境指数	环境保护	所有公共服务部门
平安指数	公安局	所有公共服务部门
教育指数	教育局	所有公共服务部门
投资指数	发改委（开发区）	所有公共服务部门
养老指数	民政局	所有公共服务部门
产业活力指数	发改委	所有公共服务部门
企业诚信指数	工商局	所有公共服务部门
企业口碑指数	工商局	所有公共服务部门
民众幸福感指数	市政府	所有公共服务部门
爱心公益指数	文明办	所有公共服务部门
民众社会参与指数	网信办	所有公共服务部门

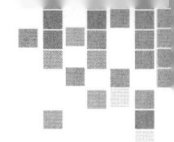

（七）中国政府指数自启动机制

指标权重赋值通过调研结合统计方法确定（如偏最小二乘法）。权重值在不同的社会情景下的取值是不同的。社会情景分为一般情景和特殊情景。一般情景是指社会运行正常情况下的情景，特殊情景是有突发事件时的情景。在不同的业务环境下，权重的取值是不同的。

通过风险事件发生形成的事件触发和监督使用指标的阈值达标或触发，实现治理协同工作流程自动激活，并启动协同动作的智能分发机制。当社会出现突发风险和危机事件时，相应指标体系能就敏感事件作出反应，并自动预警及启动相关政府作业流程，协调政府部门应对风险，对政府部门的任务完成具有重要的意义。

（八）自启动协同

对发生事件按照问题进行分类，这个过程需要对过去事件进行聚类分析，然后对当前问题通过语义分析得到其特征，把事件分类到相应治理协同类别中。类别和职能的匹配是通过解读相关法条和规则进行的人工匹配，而这些职能在法条或三定方案中已经有了解释，分拆后建立起指数与部门的映射关系，这样就能实现自启动任务的精准分发，也为绩效考核和履职能力评价以及督察督办等业务场景应用提供支持。

9.5 中国政府指数的动态发布体系

（一）中国政府指数网站板块设计

（1）实时指数：包括动态展示各级指数，指数信号预警，任务自启动，作业协同，部门督考评价。

（2）报告发布：报告下载列表。

（3）CGI介绍：CGI体系介绍，指数说明，指数实现方法、数据来源。

（4）合作参与：政府机构、科研机构、企业参与方式介绍、数据合作，开放指数合作。

（5）CGI专家委员会：CGI智库体系结构、常设机构。

（6）发布动态：CGI相关研究动态、有关会议动态、发布动态。

（二）管理模式及网站发布路径

日常的数据分析由数据分析体系根据业务模型，通过大数据体系生成中国城市指数的相关指标、排序等，并由相关机构和人员审核后发布。

（三）CGI任务协同技术体系

中国政府指数网站架构共分为五个层次，分别为资源层、指数计算层、用户服务层、应用调度层、信息交互与展示层。

资源层提供了服务系统的基础设施资源，包括计算资源、结构化数

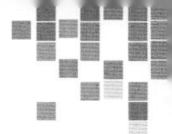

据库、非结构化数据库以及政务指数数据源。

指数计算层调用资源层中的计算资源的多个计算节点，利用分布式框架处理政务指数数据源数据，经过计算后存储到非结构化数据库中，包括指数更新模块、守护线程模块。

用户服务层调用资源层结构化数据库存储的用户数据，完成相应的用户服务内容，包括用户管理模块、路径管理模块和数据缓存模块。

应用调度层接收信息交互与展示层发送的各类用户请求，调用指数计算层以及用户服务层，完成用户请求，同时将请求结果反馈给信息交互与展示层，包括指数数据获取模块、用户数据获取模块、服务请求接收与分发模块。

信息交互与展示层提供用户基于地图的指数信息的实时展示，进行指数信息的管理，该信息交互与展示层包括指数发布服务模块和二级、三级指数展示模块。信息展示模块包括各类发布段的动态展示、实时展示、区块展示、路径展示等。

9.6 中国政府指数的未来

第一，建设城市治理自启动机制和工具包。自启动机制和工具包是基于政府指数的、以最小政务单元为工具的政府智慧化响应和作业的机制和工具，具有在不触及政府现有规章制度前提下，彻底改变政府作业状态和运行机制、丰富政府资源、提高政府响应能力、优化政府组织和人力资源调配等功能。

第二，发展和完善电子政务服务业务体系。电子政务服务化是电子政务建设和应用在经历了产品阶段、项目阶段后，因应目前阶段社会经济和市场、技术发展水平的新一代电子政务的建设和应用模式。新一代电子政务以对政府用户的市场化"服务"为中心，强调电子政务服务提供商对政府及其工作人员的作业的资源、工具、数据和智慧的支撑及其相应的服务，形成电子政务基础设施、技术、运维等物质性、技术性内容的市场化与政府治理、公共服务和政府自身管理的政府专业化的二分结构，从而走出一条具有前瞻性、因应我国政府能力发展和绩效发展的新道路。

第三，实现政府大数据线上线下融合落地。政府掌握大量的数据，以中国城市政府指数为主要内容的新一代电子政务建设和应用会积累大量的数据。在政府数据极大丰富的情况下，如何运营政府大数据，使政府大数据释放其社会和市场价值；如何整合社会、市场相关主体，实现基于政府数据的政务服务、社会服务和市场服务的交汇和融合，为公众创造更多的社会福利和市场收益，成为政府大数据领域即将面临的课题。政府大数据线上线下融合落地的技术和市场体系建设正是对这一问题的破解。其主要实现方式是充分利用政府大数据，建立与政府的良好

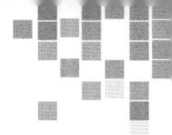

关系，逐步整合社会、市场相关主体，实现基于政府大数据的政务服务、社会服务和市场服务的融合创新，使政府对社会福利、民生服务等的投入能够发挥更大的价值。

后记 没有一个春天不会到来

这是一本反思社会风险治理的著作。

如果这本书能给予读者些许反思和启迪，将是我最大的欣慰。

长期以来，我在关注风险，关注风险战略，关注每一个网络风险事件可能带给这个社会的震动和伤痛。

今天，是2020年2月18日，我在燕园为这本书收尾，在忙碌了一年多之后，算是对波诡云谲的2019年做个总结。窗外，阳光普照，初春的风中依然透出丝丝的寒气。按农历计算，今天是正月二十五日，七九的第五天，民谚说，"七九河开，八九雁来"。

是的，燕子即将归来。没有一个冬天不可逾越，没有一个春天不会到来。让我们一起，期待春暖花开。

冬天已经过去，春天已经到来。

杨明刚

二〇二〇年二月十八日于北大燕园

特别鸣谢

感谢那些不畏风险深入疫情一线，将所看到的信息传送到外界的勇敢的记者们，他们的勇气和忘我的牺牲精神应该被全社会尊重和铭记。

衷心感谢我的恩师席霞亮先生的教诲和帮助。席老师是我高中时期的班主任，也是我的语文老师，他执教的严谨和对学生的无私帮助一直是我学习的榜样。在我研究泾阳县农业灾害史和本书写作的过程中，席老师亦为我提供了丰富的史籍资料。

感谢在泾阳县委供职的杨东峰老师惠赠佳作。杨东峰老师的泾阳风情地域随笔录《泾水流云》令我印象深刻，他在扉页题赠"勿忘乡愁"，让我更加感念故乡的山山水水带给我的身心滋养。感谢在泾阳县委供职的我高中时期的同窗何永生兄弟寄来的茯砖茶和一本介绍泾阳茯砖茶的书，让我在遥远的京城也能时刻感受到家乡物产醇厚的韵味和关中大地特有的芬芳。

感谢北京大学电子政务研究院的同事在本书的数据处理、技术研究以及文献资料收集过程中提供的巨大帮助，感谢博雅云图、博雅数据和北大博雅智库的同事们在本书有关研究分析中提供了丰富的素材。

感谢我的同事们在本书的数据处理、技术研究以及文献资料收集过程中提供的巨大帮助。

特别感谢本书的责任编辑韩海彬先生、何旭升先生，感谢深圳海

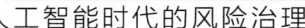

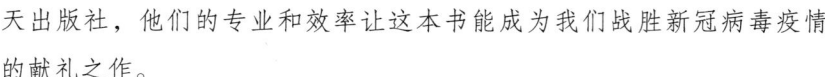

天出版社，他们的专业和效率让这本书能成为我们战胜新冠病毒疫情的献礼之作。

感谢所有好朋友和我的家人对我的理解和支持！

杨明刚

二〇二〇年二月二十四日于北大燕园